論理思考力をきたえる「読む技術」

出口 汪

はじめに――読書法改革のすすめ

あなたは今まで、論理力を身に付けようと思って、本を読んできたことはあるだろうか。

改めて考えてみると、**人間の知的活動は、すべて論理という約束事から成り立っている。**論理力を身に付ければ、論理的に話すことができるようになるし、人の話の筋道をしっかりと理解することができるようにもなる。

そして、正確な日本語を操り、論理的な文章を書くこともできるようになり、論文や企画書、レポートなどでも、その威力を発揮することができるだろう。

文章を論理的に読む力や、論理的に考え、話し、書く力などは、あなたのコミュニケーション能力をアップさせてくれるだけでなく、発想力、想像力、表現力まで飛躍的に高めてくれる。

さらには、俗に言う「地頭」をも鍛えてくれるのである。

まさに**論理力は、あらゆる場面で役に立つ、生涯の強力な武器**となるものなのだ。

これほど重要な論理力を、人はどうしてもっと必死になって身に付けようとしないのか？

一つには論理力が語学や数学などと異なり、非常に目に見えにくい、あるいは数値化しにくい能力であることが原因であろう。

もう一つは、それが生まれつきの頭の良さだと誤認していることから生じている。

つまり、論理力はその人の生まれつきの気質によるもので、努力をすれば多少の改善は可能だが、所詮、そんなに変わるわけはないと諦めてしまっているのである。

これは大きな誤解である。

実は、**論理力は誰でも身に付けられるもの**なのである。

では、論理力をどうやって養成するのか？

世に様々な方法が公開されている。その多くは、大学での知の成果、たとえば形式論理学などをビジネスパーソン向けに紹介したものである。

だが、それらの方法が実際どれだけ有効なのか、はなはだ疑わしい。

と言うのも、大抵は机上の論理であって、現実にそういったビジネス書を読んで、論理思考が身に付いたという例はあまり聞いたことがないからだ。

なぜなのか？

その理由は明らかで、**論理思考とは日々日常的な訓練によってしか養成されない**からである。1冊のビジネス書によって、急に頭が論理的になるはずがない。

たった一つ方法がある。

ロジカル・リーディング――それこそが、あなたの読書法を変えるのである。


まずは、あなたの読み方を変えること。センスや感覚ではなく、筆者の立てた筋道をしっかりと理解すること。

読書を通して、論理力を養成することこそが、本書の真の目的である。

次に、読書の習慣をものにすること。日々文章の論理構造を追っていけば、自然とあなたの頭脳も論理的になる。

こうした万能の論理力は、読書を通して獲得することが最も有効である。なぜなら、日々の積み重ねでしか論理力をものにすることはできないからだ。読書は日々の日常的な行為であって、誰でもそれを身近なものにすることができる。たとえば電車の中の数十分、寝る前の30分、そのわずかな時間を読書にあてる。

大切なことは、毎日本を読み、読書の習慣を身に付けることである。

もちろん、すでに読書の習慣をものにしている人たちも多くいるだろう。しかし、彼等の多くが論理思考を獲得しているとは限らない。

それはなぜか？

少なくとも、論理力を獲得するのに有効な読み方をしていないからである。

多くの情報を刹那的に獲得する読み方、作品に情感を委ねて、その時々の気分を解放する読み方、それらは間違った読み方ではないが、少なくとも論理思考を獲得するための読み方ではない。いわば、**ザルで水をすくう読み方**なのである。

今、私が提案したいのは、論理力を飛躍的に高め、ビジネスパーソンを成功に導くための読書法、ロジカル・リーディングなのである。

では、ロジカル・リーディングとは何か？

筆者の立てた筋道をあるがまま追うことで、論理力を身に付ける読書方法である。

論理とは物事の筋道のことである。文章の筋道をしっかりと読み取るから、あなたはそれを理解し、人に筋道を立てて説明することができるようになる。あるいは、理解しているからこそ、それを記憶し、蓄積し、またいつでもそれを取り出して、活用できるようになる。

たとえば、あるまとまった文章をあなたが今読んだとしよう。それをその場で人にうまく説明することができるだろうか？

何となく文章を読み、ぼんやりと分かったような気がしている、そんな読み方では、人に筋道を立てて説明することなど不可能である。第一、自分の頭の中で整理できていないものが、どうして他人に理解できるだろうか？

何となくといった読み方から、文章の筋道を追っていく読み方への変換、これがロジカル・リーディングの基本であって、**そのことであなたの頭の使い方は確実に**

変わっていくのである。

本は栄養素がいっぱい詰まった頭と心の食物である。若い時に栄養のある本を食べないと、貧相な大人にしか成長しない。生涯にわたって栄養失調にならないように注意したいものだ。

私は読書なしには生きている気がしないし、食べた本は確実に消化し、それによって数多くの講義をこなし、絶えず本を書いてきた。

本書によって、一人でも多くの人が読書の面白さ、その意義を再発見し、自分の読書法を見直すきっかけになれば幸いである。

さらには、一人でも多くの人が本書をきっかけに論理力を獲得し、より豊かな人生を送れたなら、もっともっと幸いである。

出口　汪

目次

第5章 論理の基礎を学ぼう II

[論理の法則を理解する]

第6章 読書テクニックを身に付けよう

［論理力を養成する読書法を知る］

第9章 論理力を普段の生活に生かそう

[論理力をあらゆる場面で活用する]

本書の利用の仕方

第1章
まずはあなたの論理力がどれくらいか、チェックしてみよう。簡単なテストだから、気楽に取り組んで欲しい。論理力の有無は普段はあまり意識されないことが多いので、自分の読書法の見直しになることだろう。

第2章
次に、論理とはどういうものかを理解すること。物事には動機付けが大切で、今何のために何をしようとしているのか、その目的が明確でないと、当然集中力も持続力も発揮できない。

第3章
論理力を養成するためには、言語処理能力を鍛えることが不可欠である。そのためには言葉の規則を理解しよう。

第4・5章

次に、論理の基礎をマスターしよう。この章が本書の目的の、読書で論理思考を手に入れる根底となる部分であるから、丁寧に学習して欲しい。

第6章

論理力を養成する読解法を、さらに有効なものにするために、様々な実践的スキルを身に付けよう。

第7章

いよいよ、読書で論理思考を手に入れる、ロジカル・リーディングの実践練習である。論理を意識しながら、難しい評論文を実際に読んでみよう。

第8章

1冊のノートがあなたの論理力をより完璧なものにしてくれる。ここで誰でも簡単にできる、効果絶大なノートの使い方を教えよう。

第9章

論理は万能である。日常生活に生かしてこそ、真の論理力を獲得したことになる。最後に、身に付けた論理の活用法を教えよう。

第1章

あなたの論理力はどのレベル？

［論理の習熟度を確認する］

1 あなたの文章の読み方をチェックする

さて、最初にあなたの論理力を簡単にチェックしてみよう。

中学生レベルの問題だから、肩の力を抜いて、気楽に挑戦して欲しい。できるだけ、普段と同じ読み方をすること。

間違えても気にすることはない。これから正しい読解力を獲得すればいいだけである。

大切なのは、解説をじっくりと読み込むこと。そして、**自分が普段どのような読み方をしているかを確認し、これからの学習に生かして欲しい。**

論理力判定テスト　（制限時間：10分・50点満点）

1

次の文章を読んで、あとの問に答えなさい。

林の雑木はまだ持ち前の騒《さわ》ぎを止《や》めないで、路傍の梢《こずえ》がずっと撓《しな》って＊お品《しな》の上からそれを覗《のぞ》こうとすると、後ろからも後ろからも林の梢が一斉《いっせい》に首を出す。そうしてしばらくしては、また一斉に後ろへぐっと戻って身体《からだ》を揺さぶりながら笑い私話《さざめ》くようにざわざわと鳴る。

＊お品…女性の人名

問　　部「そうしてしばらくしては、……ざわざわと鳴る」の主語を答えなさい。

2

次の文章を読んで、あとの問に答えなさい。

チャップリンという人は、ロンドンの貧《まず》しい下町の売れない舞台女優《ぶたいじょゆう》の子どもで、急に舞台に立てなくなったお母さんの代役で、歌って踊《おど》ったのが5歳《さい》の時のことだと読んだことがあります。

問1 右の「一文」は意味の上で「三つ」に区切ることができます。文中のその箇所（2箇所）に区切り線を書き入れなさい。

●**ヒント** まず、「主語」と「述語」になりそうな言葉に ─┘←─ のような↓線を書き込んでみましょう。すると「述語」がいくつかあることが分かります。↓線は、左右どちらから引いても構いません。

問2 文末の「読んだことがあります」の「主語」は何ですか。省略されている場合は自分で考えて答えなさい。

3

次の文章から、左の図中の□の中に当てはまる言葉を抜き出して書き入れなさい。

峠《とうげ》を　越《こ》えると　あざやかな　海の　青さが　目の　前に　広がった。

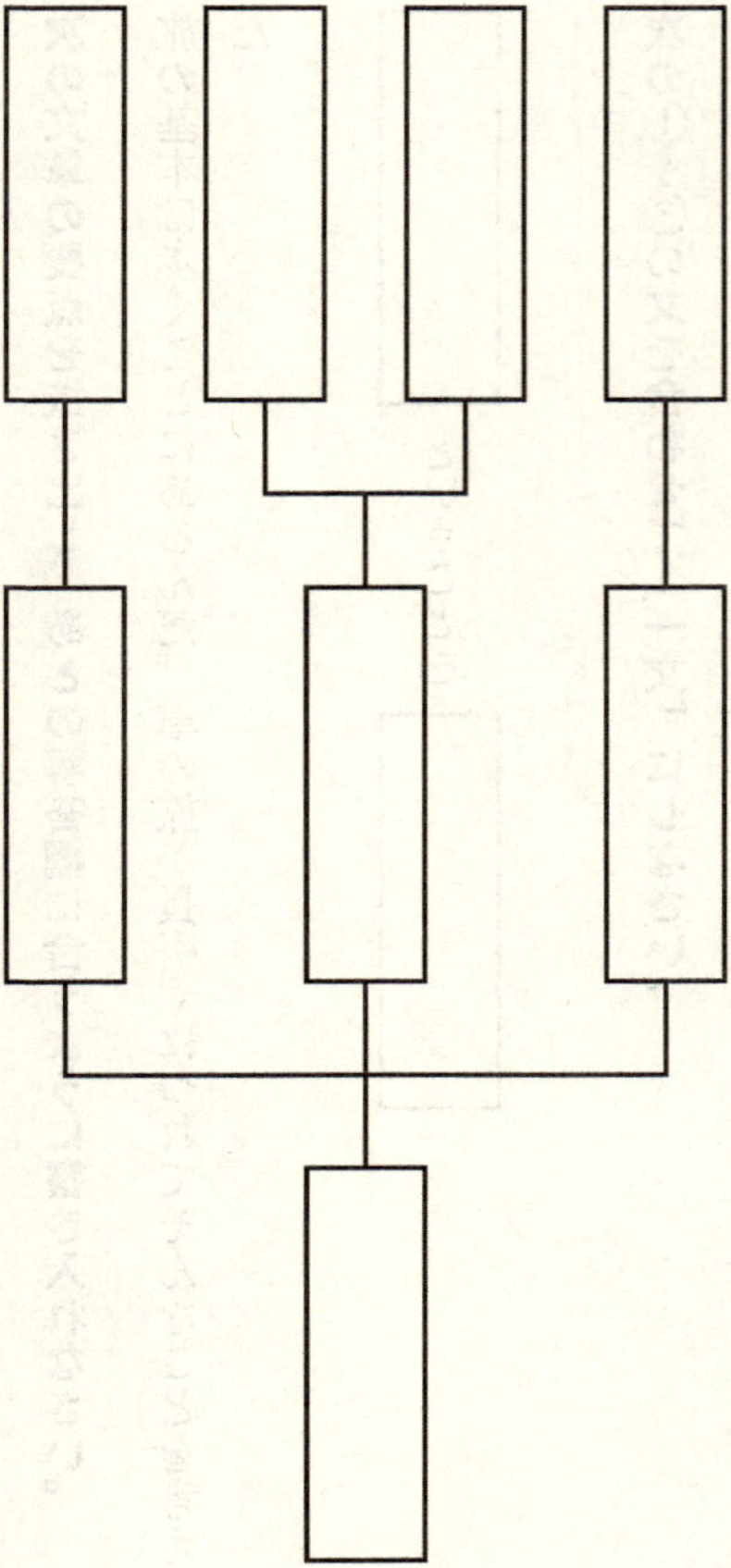

4

次の文章の要点を抜き出し、あとの解答欄に合うように書き入れなさい。

旅の基本は歩くことにあるんだ。車の旅が長引くにつれてそんなことを考えた。

［　　　　］ということを［　　　　］。

5

次の①〜③の文を合わせて「一文」にしなさい。

① 甘い思い出がある

＋

② 人生には、いろいろある

＋

③ 苦い思い出がある

6

次のア～エの文を意味が通るように並び替えた時、正しい組み合わせは①～⑤のどれになりますか。番号で答えなさい。

ア　疑いがかけられることのないよう審査過程の透明性はもっと上げる必要がある。

イ　ただ、助成資金の配分も戦略拠点の選定も、審査過程は透明性が充分ではない。それだけ官僚や政治の*恣意《しい》が入り込む余地があるわけで、利益誘導も癒着も、そして不正も起こりうる構図になっている。

ウ　文科省が差配する科学技術予算は2007年度に約2兆3千億円。

エ　科学技術立国やイノベーション促進は政府の重点施策でもあるので、関連予算は増えるだろう。

＊恣意…思い付くままの考え

①　ア↓エ↓イ↓ウ
②　エ↓イ↓ウ↓ア
③　イ↓エ↓ア↓ウ
④　ウ↓エ↓イ↓ア
⑤　エ↓ウ↓イ↓ア

7

次の（1）（2）の文章を読んで、それぞれあとの問に答えなさい。

（1）

歴史を考えると、すぐにぶつかる問題がある。それは、時間をどうやって認識するか、という問題だ。空間のほうは、視覚を通してかなりの程度カバーできるから、問題はすくないが、時間のほうは、直接認識することは、人間にはできない。

これは、われわれが日常経験することだけれど、この間、何があった、ということは覚えていても、それが2日前のことだったのか、3日前のことだったのか、1週間前のことだったのか、1カ月前のことだったのか、あるいは去年のことだったのか、そういうことになると、きわめて漠然とした記憶しかないのがふつうだ。

問　第1段落と第2段落はどのような関係にありますか。次の①〜⑤から最も適切なものを選び、番号で答えなさい。

① 第1段落の内容を離れて、話題を転じ新たな問題を示している。
② 第1段落の内容に対して、反論の実例を示している。
③ 第1段落の内容に対して、対照的な意見を示し比較論を展開している。
④ 第1段落の内容に対して、根拠となる説明を加えている。
⑤ 第1段落の内容に対して、具体例を示しながら論理を展開している。

(2)

情けと意識と知識。それらが全部合わさって、知性になる。インテリジェンスになる。そうしたことを経て、立派な人間になる。

知、情、意がそろっていれば、人は「行い」をするようになる。行えばまた賢くなり、また情がわいてくる。それらは交互に出てくる。だから、中国でも「□□□□」と言う。

知ることと行うことを一緒になってやれということである。

問1 文中の□□□□の中に入る言葉を次の①~⑤から一つ選び、番号で答えなさい。

① 温故知新
② 知徳一致
③ 和魂洋才
④ 知行合一

⑤ 文武両道

問2 文章の趣旨としてふさわしいものを次の①〜⑤から一つ選び、番号で答えなさい。

① 立派な人間になるにはインテリジェンスこそ重要だ。
② 知、情、意は交互に出てくるものである。
③ 実際に行うことが賢くなることである。
④ 知性によって行い、行いによってまた知を得るのである。
⑤ 知性とは人間に本来備わっているものである。

解答

1 林の梢（梢）　【5点】解説は69ページ　［　　］

2

問1 「子どもで」のあと、「ことだと」のあと　【5点】解説は70ページ　［　　］

チャップリンという人は、（主語①）ロンドンの貧《まず》しい下町の売れない舞台女優《ぶたいじょゆう》の子どもで、（述語①）／急に舞台に立てなくなったお母さんの代役で、歌って踊ったのが（主語②）5歳の時のことだと（述語②）／読んだことがあります。（主語③（私は）→述語③）

問2 私（筆者）　【2点】解説は71ページ　［　　］

3

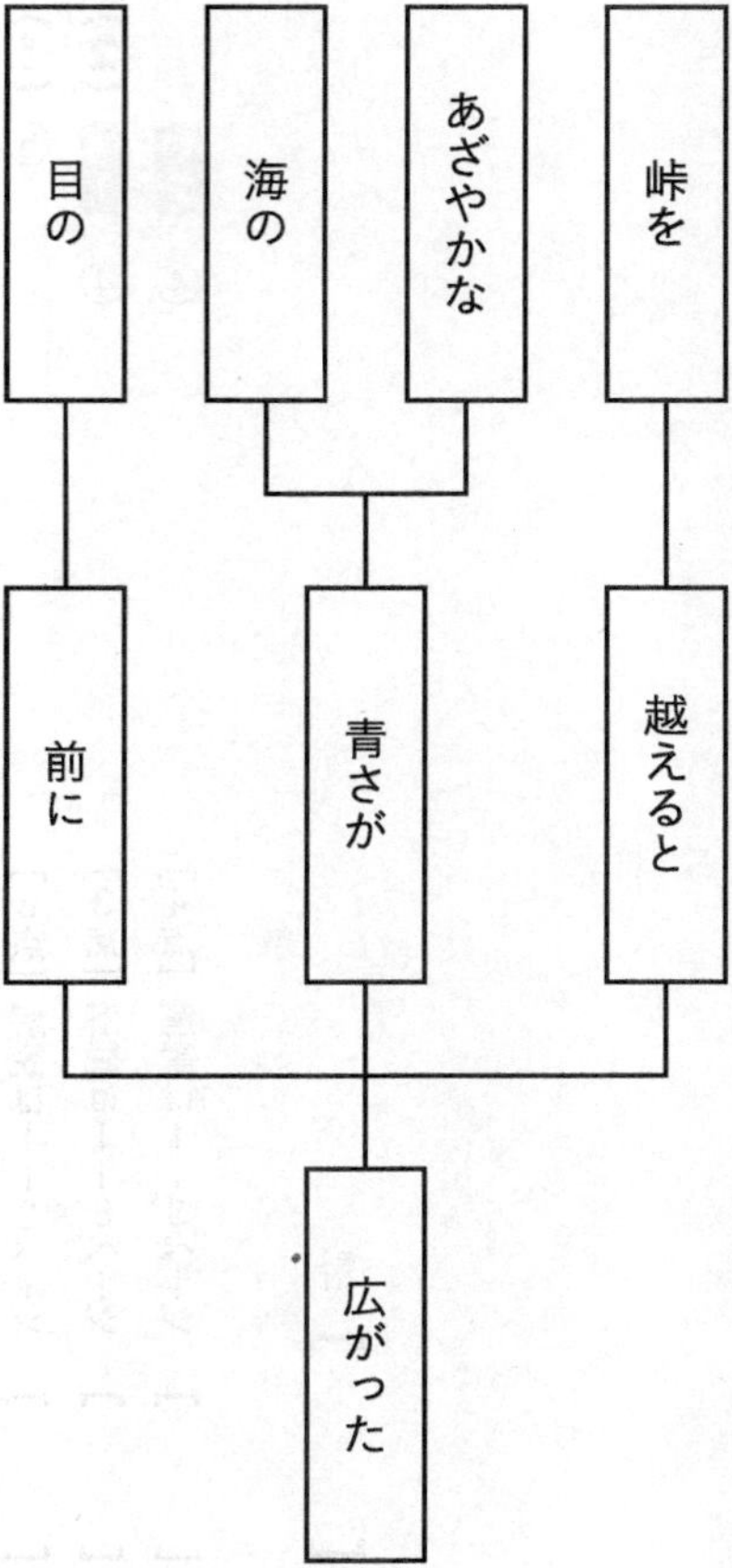

峠を
あざやかな
海の
目の
越えると
青さが
前に
広がった

［5点］解説は78ページ

［　］

4

旅の基本は歩くことにあるんだということを考えた。

［5点］解説は84ページ

［　］

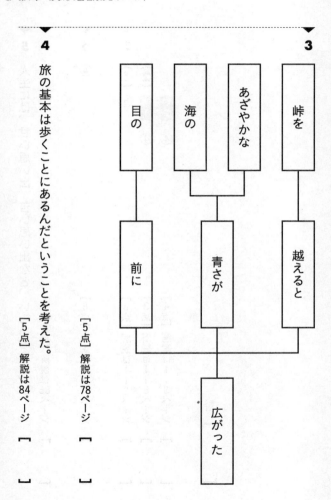

5 人生には、甘い思い出、苦い思い出など、いろいろある。
［5点］解説は86ページ 【　　】

6 ④
［8点］解説は110ページ 【　　】

7
(1) ⑤
［8点］解説は112ページ 【　　】

(2) 問1 ④
［3点］解説は113ページ 【　　】

問2 ④
［4点］解説は113ページ 【　　】

計 【　　】

判定

１〜５までは一文の構造を論理的に摑めたかどうか、
６、**７**は短い文章を論理的に読めたかどうかの問題

45点以上　かなり論理力がある
40点〜　人よりも論理力があるほうである
35点〜　人並みの論理力
35点以下　論理を無視して、自分勝手な読み方をしている

＊　　＊　　＊

結果はどうだっただろうか？

思ったよりも高得点が取れず、愕然とした人もいたかもしれないが、これから本書により鍛えていけばいいだけのことだ。

大切なことは、**今まで自分がいかに曖昧な読み方をしていたかを自覚する**こと。

これらの簡単な問題だけで、あなたが普段どんな読み方をしているのかが分かる。自分勝手に読んでいるのか、筆者の立てた筋道を追って読んでいるのかが、一目瞭然である。

時間をかけて読んだら誰でも分かる問題だから、敢えて10分間という制限時間を設けてみた。時間内に正解を出そうとするなら、自ずと論理を利用せざるを得なくなるのだ。

「論理力判定テスト」の解説は、第4章「論理の基礎を学ぼう Ⅰ」、第5章「論理の基礎を学ぼう Ⅱ」で詳しく説明しているので、ここで丁寧に学習して欲しい。

答よりも、**そこに到る筋道に着目すること。そこにあなたの頭の使い方を変えるヒントがたくさん詰まっているのだから。**

第2章

論理とは何だろう？

［論理が必要な理由を理解する］

1 論理はこうして生まれる

論理とは何か？

一番シンプルな答は、**論理とは物事の筋道であるということ。**

たとえば、子どもが、どうしても欲しいおもちゃがあったとして、「お母さん、お願い、あのおもちゃ、買って」と言った時、「駄目よ、いっぱい持っているじゃない」と母親が答えたとしよう。

その子どもにとって、そのおもちゃは他のおもちゃとは異なる、どうしても必要なものである。しかし、お母さんにとっては、すでに持っているおもちゃと何ら変わるところがない。

自分の気持ちはお母さんには分かってもらえない。そう感じた瞬間、**お母さんはその子どもにとって他者になる。**

「でも、田中君も同じおもちゃ持っているよ」

さらに子どもがそう言った時、**その子の頭脳の中には論理力が芽生えている。**

つまり、

A　子どもの意見　そのおもちゃが必要である

＝

A'　具体例　田中君もそのおもちゃを持っている（だから自分も必要である）

これは**「イコールの関係」**といった立派な論理なのである。

このように、**論理は他者意識が強いほど、自然に発生する**ものである。

他者とは、お互いに別個の人間である限り、そう簡単には通じ合えないという意識。だからこそ、筋道を立てる必要が自然と起こってくるのだ。

子どもの頃から、私たちは無意識のうちに論理を駆使している。論理とは決して難しいものではない。難しく感じるのは、すでに獲得している論理力が無自覚なだけに、有効に活用されていないからだ。
論理を意識することによって、あなたの潜在的な能力は自然と引き出されるようになるだろう。

2 論理語が死にかけている今の日本

産まれて間もない赤ちゃんには、まだ他者意識が生まれていない。泣けば誰かが（大抵は母親だが）自分の不満を察して、それを解消してくれると信じているから、お腹がすいた時や、おしめを取り替えて欲しい時など、その度に泣き声を上げる。

他者を意識する時、論理は自然発生的に生まれると先述したが、成長し、幼稚園に通い出す頃になると、**早熟な子どもは次第に他者を意識し始める。**

もちろん、そこには自分の不満を知り、それを解消してくれる人が絶えずそばにいるとは限らない。さらに、そこで出会う子どもたちはお互いにその感情を理解できない他者である。そうした子どもたち同士が、いやでもコミュニケーションを取り合わなければならない時、子どもは無意識のうちにも、筋道を立てようとする。その時、**論理が自然に発生する**のだ。

幼稚園児の論理など、幼稚なものに他ならない。だが、子どもが「そのおもちゃ、誰々さんが持っているよ**（具体例）**」、「先生もいいねって言ったよ**（引用）**」、「だから、お母さん、そのおもちゃ欲しいんだ**（因果）**」などと言った時、確かに論理を駆使しているのである。

だから、依存心が強い子どもほど感情的で、自立した子どもほど論理力が発達する。

一方、**他者意識が希薄な時、言葉は省略に向かっていく。**

初対面の人に対しては丁寧な言葉を使うが、次第に気心が知れていくと、言葉遣いはぞんざいになり、どんどん省略されていく。

恋人との会話、夫婦や家族との会話。あれほど言葉を尽くして口説いたのに、結婚したとたん「メシ」「フロ」「ネル」しか言わなくなる夫たち。

今の日本を眺めた時、私は愕然とする。

大人になりきれない若者や大人たちが、世の中に溢れ出しているからだ。彼等は何か不満があると「ムカツク」などの感情語を使用する。

そこには他者意識も論理もない。世界がどうであろうと、真理が何であろうと、自分が「ムカツク」と言えば、それは否定されるべきこととなる。

「ムカツク」と言えば、誰かが自分の不満を察してそれを解消してくれると、心のどこかで思っているから、**自分の不満を、他者に向かって論理的に説明しようともしない。**まるで、赤ちゃんが泣くのと同じである。

こうした**感情語の氾濫**だけでなく、**今や言葉の省略がどんどん進行している。**

若者の間ではギャル語なる珍妙なものが流行し、世間一般でも、たとえば「空気が読めない」ことを「KY」と省略する。

以前、テレビのニュース番組でギャル語の取材を依頼されたことがある。何でも雑誌から生まれた渋谷のカリスマギャルたちを集め、彼女たちの会話を聞いて欲しいといった企画である。

正直、彼女たちが何を言っているのか、さっぱり分からなかった。

感情語、省略語のオンパレード。その時初めて「アゲアゲ」という言葉も知った。「アゲアゲ」とは、テンションが上がっている状態のことだ。

この時、驚いたことがある。何も、ギャル語が理解できなかったからではない。彼女たちにその言葉の意味を聞いたところ、誰も答えられなかったことにだ。自分たちが流行らせ、自分たちが日常使っている言葉の意味をである。ただ何となく使い、お互いに何となく分かり合っているとのこと。そこには他者意識のかけらもない。そうした言葉で分かり合っていると錯覚できることが、おそらく仲間の資格なのだろう。

他者意識が希薄なほど言葉は省略に向かう、まさにそういった法則に、この事例はぴったりと当てはまる。これらは**論理の言葉と対極**にある。

私たちはこうした言葉を聞くと、不愉快になることが多い。なぜなら、自分たちの狭い集団の中でしか通用しない、それ以外の人間を排除している言葉だからである。

もちろんギャル語は極端な例だが、こうした言葉が流行るのが現代の状況であるということだけは事実なのだ。

かくして**感情語が氾濫し、言葉が次々と省略されていく。その裏で論理語が死滅しかけているのが、今の日本の現実そのものなのである。**

過剰な競争社会は、そのまま格差社会につながる。しかも、強力な他者意識を持ち、論理で武装した欧米やアジアの国々と否応なく競争を強いられる。

政治や教育がもはや当てにできない以上、**私たちは一人ひとりが論理語を獲得し、自らの頭脳を改良しなければならない。**

そのためには、論理力を養成する最良の方法、「読書」の習慣を身に付けること。

そして、文章の読み方をザルで水をすくうやり方から、**論理思考を身に付け、自らを成長させる読み方へと変えていく必要がある。**

3 なぜ論理力が必要なのか

日本人は伝統的に論理が苦手だった。

それはアメリカ社会と比べてみればよく分かる。

アメリカ合衆国が建国される頃、アメリカの国民たちは**民族も宗教も文化も、そして言語も異なる人間たちと、共同社会を作る必要に迫られた。**

彼等は互いに理解しがたい他者だった。そういった他者と一つの社会を作るわけだから、当然社交術が発達する。だが、その一方、自分の身を守るために拳銃はどうしても手放せない。

また、ビジネスにおいては、すべてが契約社会である。お互いに信用できない人間同士のやり取りだから、相手がどういう人物かではなく、契約がすべてであって、それが正しく履行されるために裁判が日常的なものとなる。

それゆえ**言語は当然、論理的なものとなる。**

お互いに分かり合えないことが前提なのだから、イエスかノーかが最初に来る。

肯定文や否定文では結論が最初に提示される。疑問文でも「おまえは何者だ、いったいどうしてだ」と、当然疑問詞が最初に示されることになる。

初めに結論を提示し、あとから不定詞や関係詞で細かいことを説明する、こうした英語の言語形態は、すべて**相手に対する不信に根ざしたもの**だ。

一方、日本語では、最後に肯定か否定か、あるいは疑問文かが明らかにされる。

私たち日本人はそれを当然のように思っているが、このような言語形態を持つ民族は極めてまれである。

だが、私たちはそういった日本語を決して不自由に感じることはない。

相手の話を聞く時、最後に疑問文になるか、否定文になるかなど、何も考えずに合づちを打っている。まさか、相手が最後の最後で「〜ではない」などとすべてをひっくり返すことなど、予想だにしていない。

つまり、**相手の信頼を前提として会話をしている**のである。

だから、ビジネスの場でも、私たちは契約よりも、「顔」や「コネ」、つまり、相手が誰なのかを重視する。

これは何も今に始まったことではなく、**古くからの日本文化が影響していることである。**

時代を遡ってみると、島国の日本は江戸時代の長い間鎖国状態にあった。当時は移動の自由が認められず、たまたまある村で生まれた百姓は先祖代々同じ隣家の人間たちと一つの社会を構築しなければならなかったのだ。だから、私たちは狭い集団の中でうまく立ち回らなければならず、村八分はそのまま死を意味した。

そのような状況下で発達したのは、**敬語**であり、**婉曲表現**であった。お互いに何も言わなくても分かり合っている集団。そこでは以心伝心が重んじられ、言語は必然的に感覚的なものとなった。**言葉をもってしか分かり合えない人間はよそ者で、それはそのまま集団からの排除を意味した。**

だから、日本語では肯定か否定か、あるいは疑問かなど、わざわざ明示する必要はなかったのである。

そうした私たちが明治になって突然国際社会に投げ込まれたのである。そして今や否応なく国際的な競争を強いられてしまっている。

民族も宗教も、文化も歴史も異なる外国人たちと、同じ次元でわたり合えなければ、日本という国家自体が沈没するし、一人のビジネスパーソンとしても生き残ることはできない。

そこで**必要なのは、強い他者意識と、それに伴う論理力という武器**である。

ところが、皮肉なことに、**私たちは今や論理力を自ら手放そうとしている**のだ。

今こそ私たちの手の中に、論理力を取り戻さなければならない。

論理力を獲得するためには、まずは個人として自立することが必要である。そして、自分以外の人間をも自立した個人として認識する。それが他者意識である。

論理力は、そうした**個人と個人とのコミュニケーション力**に他ならない。

さらに、民族や言語、宗教、文化の異なる人たちとコミュニケーションを図る強力な武器となる。

では、どうやったら、論理力をもっとも効率よく獲得できるのだろうか?

その方法こそ、本書の提案する、**読書を通して論理力を身に付けるロジカル・リーディング**なのだ。まずは、論理の基礎である言葉の使い方から学んでいこう。

第3章 まずは言葉の使い方を変えてみよう

［論理の基本である言語処理能力を鍛える］

1 私たちは言葉で世界を整理した

論理力を獲得するためには、言語の問題を抜きには語れない。

論理とは、突き詰めれば、**言葉の一定の規則に従った使い方**である。

私たち日本人の場合、その言語が日本語であるため、一生、日本語でものを考え、日本語で文章を読み、日本語で表現する。

ここで、一つ例を挙げよう。今、この場で言葉を使わずに「暑い」と感じてみて欲しい。どうだろうか？

言葉がなければ、私たちは「暑い」と感じることはできず、すべてが混沌に過ぎないことが分かるだろう。その状態をカオス（混沌）という。**言葉を棄てた瞬間、私たちはカオスの世界に投げ出される。**それは人間ではなく、犬や猫などの動物の世界である。

もしかすると、あなたはここで、次のように反論するかもしれない。「暑い」と感じるのは、皮膚であり神経であって、決して言葉ではないのだと。

その通りである。確かに、「暑い」と感じるのは皮膚であり、神経である。だが、言葉がなければ、それを「暑い」と認識することができないのだ。

たとえば、「甘い」「おいしい」「好きだ」「悲しい」、これらはすべて言葉であって、実体があるわけではない。人がそれらの言葉で整理したに過ぎない。

しかし、その瞬間、私たちはカオスの状態から脱却できるのだ。

犬や猫だとそうはいかない。彼等はカオスの中に生まれて、カオスの状態のまま死んでいく。まして、犬や猫は「暑い」とは思わない。なぜなら、そのために必要な言葉を持っていないからだ。

このように、**私たち人間は、外界のあらゆるものをいったん言葉で置き換え、整理し、認識する。**これは「空」で、これは「海」だ、これは「男」で、これは「女」だという具合に。なぜなら、私たちはカオスの状態が耐え切れないからだ。そして、整理した上で初めて思考し、感覚する。こうした意味で、言葉がなければ、私たちは考えることも、感じることもできない。

だから、思考力も感覚も、突き詰めればすべて言葉の問題なのである。

つまり、**論理とは**、**言葉による世界の整理の仕方**と言い換えてもいい。私たちは世界を一定の規則でもって、整理しようとする。それが分かれば、論理などはいたって簡単で、誰でも確実に習得できるものなのである。

2 論理は規則に従った日本語の使い方

ここで、論理が生まれた時代を遡ってみよう。

遠い昔、ある集落にA君、B君、C君がいた。それぞれ別の人間である。

ある時、彼等の共通点を取り出し、初めて人間が「男」という言葉を使った。**共通の性質を抜き出すこと**を**「抽象」**という。その「男」という言葉を使った瞬間、その人間は**「具体→一般」**と、**抽象化を行った**ことになる。

この時、その人間の頭脳に論理が誕生した。これが**「イコールの関係」**である。

そして、「男」と「女」という言葉を並べて使った瞬間、**「対立関係」**が生まれた。

論理の誕生の瞬間である。

このようにして私たちは、「空と海」「男と女」「肉体と精神」などと、あらゆるものを論理で整理し、理解するようになった。

思えば、どの民族も他の民族と交流したわけではないのに、同じ言葉の使い方で世界を捉えようとした。このことの不思議を、私はことさらに思う。

論理は言葉とともに生まれ、言葉がある限りはなくなることはない。そして、**世界中の民族が同じ規則の下に、言葉を論理的に使う。**これが**論理の普遍性**であって、それゆえギリシャではそれをロゴスと呼び、そこからロジックが生まれたのではないだろうか？　論理という武器を手にした時、人間は他のいかなる動物とも異なり、人間であり得たのだ。

そして、**あらゆる知的活動が言語によるものであるなら、このわずかな規則を獲得することこそ、あなたの人生をより豊かにする方法なのである。**

論理とは、言うなれば言葉の最小限度の規則に従った使い方である。

第5章で詳しく説明するが、言葉の規則は、**「イコールの関係」「対立関係」「因**

果関係」、主にこのたった三つに過ぎない。
あなたはまず、**この三つの言葉の規則**を獲得すればいい。それだけで、生涯にわたる知的生活は、ずいぶん充実したものとなる。さらにはコミュニケーション能力が鍛えられ、格差社会や国際競争にも充分に勝ち抜くことができるようになるだろう。

3 言葉の習得あっての論理力

私たちは言語を使ってものを考える。

コンピューターも、それと同じだ。あらゆるソフトはOSの上で動くのであって、ソフト単独ではどんな仕事もなし得ない。なぜなら、**すべての命令は言語を使ってなされる**からだ。ただしその言語は、コンピューター言語という特殊なものである。

人間の頭脳には、言語処理する場がどこかに設けられている。何をするにつけても、私たちの知的活動は言葉なしでは不可能だからだ。**それがコンピューターの**

OSに相当する。そのOSが旧態依然のままなら、重たいソフトを動かすことができない。無理に動かそうとすると、突然フリーズする。

そのため、ソフトが次第に重たくなっていくと、それに応じてOSを強化していかなければならない。

同様に私たちは小学校から、中、高、大学、社会人と、次第に重たいソフトを動かさなければならなくなる。当然、**ソフトのレベルに応じて言語OSも強化されなければならない。**それなのに、旧態依然のままで重たいソフトを無理矢理動かそうとして、頭がうまく使えないと、先天的な頭の良し悪しのせいにしてはいないだろうか？

通常、私たちは小学校4、5年生までに、日本語の基本的な使い方を習得するが、比較的早熟な子どもとそうでない子どもとでは、習得レベルの個人差が大きい。早熟な子どもはすでにOSができているから、人の話が理解できるし、それゆえ記憶も得意である。こうした子どもを進学塾に入れ、頭脳を鍛え上げると、みるみる成績が上昇し、難関中学を突破することもできる。

だが、**あくまで小学生レベルのソフトだから、子どものOSでも難なく動かすことができる**わけで、その子どもがOSの強化を怠っていると、中学校、高校とソフトが重たくなるにつれ、頭が使えなくなる。いくら努力しても、勉強が分からなくなるのは、非常につらいことである。中学受験までは秀才だったのに、大学受験になるとどうしても合格できない子どもたちはこのタイプだ。

逆に、言語の習得が人よりも遅い子どもは、非常に苦労することが多い。まだ言語OSができていないから、何を聞いてもよく理解できず、当然記憶することも困難である。分からないから、学校の授業も面白くない。

そんな中、親が慌てて進学塾などに通わせると、もっと悲劇である。遊びたい時期に、分からない勉強を無理矢理押しつけられ、勉強が苦痛で仕方がなくなる。単に勉強嫌いになるだけでなく、試験の悲惨な成績を見た先生や親からは頭が悪いと決めつけられ、本人も劣等感を抱くこととなる。こうして自分は勉強ができないのだと思い込み、そのために将来を決定付けてしまう子どもも実に多いのだ。

これは、頭が悪いのではなく、単に言葉を習得するのが人よりも遅かっただけなのだ。なぜなら、**誰でもいずれは日本語を喋れるようになる**のだから。**言葉の習得**

が人よりも遅いのは、その子どもの個性であって、決して頭が悪いわけではない。

そのことと、先天的な頭の良し悪しとは、明確に区別しなければならない。

もし、子どもが言語の習得が遅いなら、焦らずにじっくりと言語ＯＳを強化すればいいだけのことである。中学受験は無理でも、大学受験までにはきっと追い付き、追い越すことが可能なのである。

私には二人の男の子がいる。同じ遺伝子を受け継いたはずなのだが、上の子どもは早熟で、下の子どもは言語の習得が遅かった。

上の子どもは幼い時からお喋りで、親が何も教えなくても自分で本を読み、小学校５年になると自らの意思で進学塾に通い中学受験をした。彼が受験したのは大学まで進学が約束されている、私立の中高一貫校だった。受験勉強をしたくないから、嫌なことは小学校のうちにさっさと済ませておこうと、本人が一人で考えた結果だった。確かに合格はしたが、その結果、大学生になってもなかなか本気で勉強しようとしなかった。

一方、下の子どもは言葉の習得が極端に遅く、幼稚園に行く前に私たち夫婦は保健所から呼び出しを受けた。知恵遅れの可能性があるというのである。実際、「お父さん」「お母さん」が言えないのだから、親から見ても事態は深刻だった。

当時はまだ言語の問題について、私も理解が進んでいなかった頃で、子どもの将来を考えて幼い時からバイオリンを習わせた。勉強は無理だから、何か一つでも自信の持てるものをと、思ったからである。バイオリンにしたのは、上の子どもがピアノを習っていたから、差が付かないようにとの配慮だった。

保健所の検査の結果は、知恵遅れではないとのことだった。なぜなら、「お父さん」「お母さん」は言えなかったが、ウルトラマンの難しい怪獣の名前はしっかりと記憶していたからである。記憶する能力が欠如していたわけではなかったのだ。

確かに、大好きなウルトラマンを毎日見ていたなら、憎い敵の怪獣の名前は自然と覚えてしまうが、「お父さん」「お母さん」はそうはいかない。怪獣は1匹しかいないが、「お父さん」「お母さん」は世の中にいくらでもいる。つまり、「お父さん」「お母さん」は一般的概念であり、**「具体↓一般」といった「イコールの関係」がそこには成立している。**これは、いわば論理の第一歩であり、下の子どもにはそれがどうしても理解できなかったのだ。

結局、私たち夫婦は焦ったあげく、下の子どもを進学塾に通わせ、結局勉強嫌いの子どもにしてしまった。今でも彼は勉強はできないが、日本語は何不自由なく喋ることができる。決して、知恵遅れではない。言葉の習得が遅かっただけだった。

本書が大人向けの本であるのにもかかわらず、こうした言語の話をしているのは、**言語OSを最高レベルまで鍛え上げないと、真の意味での論理力を獲得することが難しいことを伝えたいからだ。**

さらに、頭の良し悪しは先天的なもの以上に、後天的な訓練のほうがずっと大切であることを理解して欲しいからだ。

今からでも遅くない。**頭は何十歳になっても鍛えることができるのだ。**

そのためには、今こそ言語の問題を意識して欲しい。

4　雪だるま式勉強法

言語ＯＳを強化するには、いったいどうしたらいいのか？

「言語＝思考」である限り、まずは**抽象語を初めとする言葉の習得が大切**である。

基本的に、言葉は読書によって習得すべきものである。

ただ本書の目的が論理力の養成である限り、読むべき本のジャンルは限られてくる。エンターテインメント小説、漫画などはこの対象から外れ、ビジネス書、新書、そして新聞ならば天声人語や社説の類、特に寄稿される論説文の類が望ましい。

もし、あなたがある程度の語彙力（特に抽象語）をすでに習得しているならば問題はない。だが、それが心許ないなら、読書によって語彙力を増やすことはあまり有効ではない。それは、語彙力不足のため、文章の内容を読み取ることも困難だからだ。

ここで紹介する**雪だるま式勉強法のコツは、まず芯となる雪玉をしっかりと作ること**である。これがうまくいかないと、雪玉を転がした時点で崩れてしまうことになる。芯となる雪玉さえしっかりしていれば、あとは転がすだけで、勝手に膨れあがってくる。

ある程度の語彙力や抽象語を習得していなければ、難解な文章を読みこなすこともできないし、雪だるまが膨れあがることもない。記憶の原理も、これと似ている。一つのまとまった文章で、理解できない用語が一つか二つならば、それが印象に残り、自然と習得することができる。それに対して、至る所に知らない用語が出てくれば、文章を楽しみながら読めないし、そこから用語を獲得することなど及びもしない。

まずは**芯となる雪玉を固める**ことである。

そこで、漢字の問題集を1冊用意して欲しい。大学受験用の標準レベルのものなら何でもいいが、「①適切な意味」と「②例文」の掲載がないものは駄目だ。

【「①適切な意味」を見分けるポイント】

意味は分かりやすいもので、一つか二つに絞り込んであるものがいい。

辞書的なものは分かりづらく役に立たない。意味が多く載せられているものは一見親切なようで、使いづらい。なぜなら、ここでも雪だるま式が有効で、芯となる雪玉が固まらないうちに多くの意味を頭に入れようとしても入らないからだ。

まずは、代表的な意味を頭に入れるべきである。あとは、文章の中で自然と増やしていくほうが力が付く。

【「②例文」を見分けるポイント】
すべての漢字に例文が掲載されている問題集を選ぼう。

実は例文こそ漢字問題集の中で一番大切なのに、既存の問題集で適切な例文がすべてに掲載されているものはほとんどない。

ここでの目的は漢字の習得ではなく、**論理語・抽象語を初めとする言葉の習得**である。だからこそ、必ず例文の中で言葉の意味、使い方をチェックして欲しいのだ。

5 なぜ漢字の問題集なのか

では、なぜあなたの頭脳を改革するために、漢字を習得しなければならないのか？

その答は、日本の近代化にまで遡らなければならないだろう。

江戸時代までの日本の言葉は、抽象的なものをあまり持たない、非常に感覚的な言語だった。

そのため、西洋の新しい学問、思想を取り入れることが急務だった文明開化の頃、それらを日本語に翻訳しようにも、抽象語を表す言葉が日本語の中に少なかった。

明治の知識人は、そのほとんどが江戸時代までは武士階級であり、彼等は漢文が必須の教養であって、学問は主に漢文によってなされていた。そこで彼等は、西洋の抽象語を2字の漢語に置き換えたのだ。どうしても適当な漢語が見つからない時は、そのままカタカナに置き換えた。

そうした理由で、抽象語・論理語のほとんどが2字の漢語となり、一部はカタカナ語となったのだ。

つまり、**漢字を習得するということは、論理語・抽象語を獲得することになる。**だからこそ例文の中で、その意味、使い方にこだわらなければならない。

毎日、10分でもいいから漢字の問題集に取り組んで欲しい。手に入れた言葉を赤でチェックし、ぼろぼろになるまで繰り返して欲しい。すると、**獲得した言葉が次々と文章中に登場し始める**ことに気付き始めるだろう。実はこれも新鮮な驚きなのだ。

そうやって、生きた言葉を習得し、使い方を文章の中で学んでいく。

また、人は具体的な道具がないと、決意が次第に雲散してしまうものである。たとえば、あなたが語彙力を獲得して、自分の頭脳を改革する決意をした時、前に1冊の漢字問題集があると、その決意を形で示すことができる。しかも、漢字問題集は小さくて薄い。いつでもあなたの鞄の中に忍び込ませておくことができる。

この小さな本をぼろぼろになるまで使い込んでいくと、**自分の頭脳に言葉が獲得されていくことが、目に見える形で分かる**のだ。

こうした理由からも、私は漢字の問題集をおすすめする。

第一、漢字の読み書きができることは、ビジネス社会では必須である。漢字を習得し、同時にあなたの頭脳も論理的なものへと変革する。一石二鳥ではないか。

私たちは言葉でものを考える。そのため、武器となる言葉をもう一度整備し直すことも非常に有効なのである。

6 分かるのではなく習熟しよう

論理的な頭脳を養成するには、習熟することが必要である。

たとえば、ご飯を食べる時、私たちは箸の持ち方を意識しない。なぜなら、習熟しているからである。自転車に乗る時も、最初こわごわとハンドルの握り方、ペダルのこぎ方などを確認しながら、運転の仕方を訓練しようとするが、実際に乗り慣れたら、運転の仕方など意識することはない。自然と体が動いていくからだ。

スポーツ選手も同じことだ。試合になると無意識のうちに体が動かないと話にならない。そのためには、血の滲むような練習を繰り返さなければならない。

言葉もそれらと似ている。習熟しなければ、何の意味もない。

たとえば朝起きた時、まず私たちの脳裏には、「朝だ」「何時だろう」「起きたくないなあ」「寒い」などの言葉が、自然と浮かんでくる。そして、無意識のうちにそれらの言葉を使っている。その時、私たちは言葉の使い方を意識してはいない。

つまり、意識した言葉の使い方ではなく、**「何となく」という曖昧な言葉の使い方を、すでに習熟してしまっている**のだ。

これを変えるのは並大抵ではない。

今まで述べてきたような「言葉を規則に従って使えば論理力が身に付く」ということが分かったところで、あなたは何ひとつ変わらない。変えることができない。

問題は、そうした言葉の使い方を習熟したかどうかなのだ。

ここで大切なのは、**あなたの言語生活を自分でも直してみるきっかけを作ること。**

そして、**その上で正しい方向性を明確に示すこと。**それだけである。

だが、それがなければ、何も始まらない。あなたが本気で自分を変えたいと思うならば、日常的に言葉の使い方を意識し、習熟することだ。それには読書が一番有効なのである。1日10分でもいいから、必ず毎日本を読むこと。

その際、**本書が提示する、言葉の規則、論理の法則をいつも頭に置いて、精読することが大切なのである。**

第4章 論理の基礎を学ぼう Ⅰ

［言葉の規則を理解する］

ここからは実際に論理の使い方を学んでいく。

そのためには、**あなたの今までの読み方をいったん白紙に戻したほうがいい。**今までの読み方を続けたところで、何ひとつ変わるところはないからだ。

情報を手っ取り早く手に入れる読み方から、知識を獲得し、教養を身に付け、考える力を養成する読み方へ。その段階で、あなたの頭脳は徐々に論理思考へと改造されていく。

本書が提示するのは、

① **言葉の規則を理解すること**

② **論理の法則を理解すること**

の2点である。まずは、「言葉の規則」を理解しよう。

抽象語を初めとする言葉を習得したなら、**次は日本語の論理的な規則を知り、その規則に従って正しく日本語を使う訓練をしていく。**

論理が言葉の規則に従った使い方である以上、その規則を知らなければ話にならないからである。

なお、本章の「論理の基礎を学ぼう　Ⅰ」では、実際の読書の仕方を変えるというよりも、**日本語の論理的な規則を理解する**ということに主眼を置いてもらいたい。

1　一つの文にも論理がある

文章を読む時は、その要点を摑まえなければならない。

単語が集まって**文節**（意味上の最小限の単位）ができあがり、その文節が集まって**一文**（文の冒頭から句点まで）ができる。

文章とはその一文の集まりに過ぎない。**一文も要点と飾りから成り立っている。**

そこで、**まずは要点を摑まえる**ことである。

● 花が　咲いた。
主語　述語

これが主語と述語だけでできた文章である。

たった一文では、筆者が何を言いたいのか分からないから、一文の要点は文法的に考えるべきで、それゆえ**主語と述語が大切**である。

● 血のような深紅のバラの花が《主語》昼の強い日差しが斜めに差し込んだ時まるで真っ赤なルージュを塗った女の腫れぼったい唇が溜息を発した時のようにぱらりと咲いた《述語》。

飾り立てた一文だが、要点を取り出すと、結局は「花が咲いた」に過ぎない。

このように、**一文においても要点と飾りがあり、主語・述語さえ摑めば、どんな複雑な文であっても、簡単に意味を理解することができる**のだ。

さて、第1章でやってみた「論理力判定テスト」の1番と2番を見てみよう。

1

■部「そうしてしばらくしては、……ざわざわと鳴る」の主語を答える問題。

林の雑木はまだ持ち前の騒《さわ》ぎを止《や》めないで、路傍の梢《こずえ》がずっと撓《しな》ってお品《しな》の上からそれを覗《のぞ》こうとすると、後ろからも後ろからも**林の梢が一斉《いっせい》に首を出す。**そうしてしばらくしては、また一斉に後ろへぐっと戻って身体《からだ》を揺さぶりながら笑い私話《さざめ》くようにざわざわと鳴る。

＊解説

三つの述語の主語は何かと■部直前を見ると、「**林の梢が一斉に首を出す**」とある。つまり、「林の梢」がお品の様子を上から覗こうと、首を出し、後ろへ戻って体を揺さぶり、ざわざわと鳴ったのである。典型的な擬人法を使った文章。

2

問1 は、「一文」を意味の上で「三つ」に区切る問題。

問2 は、文末の「読んだことがあります」の「主語」を問う問題。

チャップリンという人は、ロンドンの貧《まず》しい下町の売れない舞台女優《ぶたいじょゆう》の子どもで、／急に舞台に立てなくなったお母さんの代役で、歌って踊ったのが5歳の時のことだと／読んだことがあります。

主語①
述語①
主語②
述語②
主語③（私は）→述語③

＊解説

問1　一文の要点は主語と述語で、あとは飾りが付いただけである。そこで、「主語―述語」の関係を探し出すと、この一文は本来三つの文から成り立っていることが分かる。

どんな複雑な文でも、このように要点となる「主語―述語」をまず捉えてやると、あとは飾りに過ぎないからすっきりと頭に入ってくる。

問2 読んだことがあるのは「私（筆者）」で、この場合は省略されている。

2 言葉のつながりを考える

論理とは物事の筋道だとすでに定義したが、その機能面から言うと、**物事を関係付ける働き**がある。

あとに学習する「イコールの関係」「対立関係」もそれだが、一文にも**「主語―述語」「修飾―被修飾」**の関係がある。

また、文法用語には、感動詞（独立語）といった品詞がある。「はい」とか「やあ」とかいった言葉で、**独立語**である。

逆に言うと、**感動詞以外のすべての言葉は、必ず他の言葉とつながっているということである。それが言葉のつながり**である。

「主語─述語」「修飾─被修飾」も、広い意味では「言葉のつながり」であり、それを意識することが、文章を論理的に捉えることの第一歩となる。

ここで、簡単な問題を解いてみよう。次の文の言葉のつながりを、例文に倣って↓線を引くことで示して欲しい。

【例文】

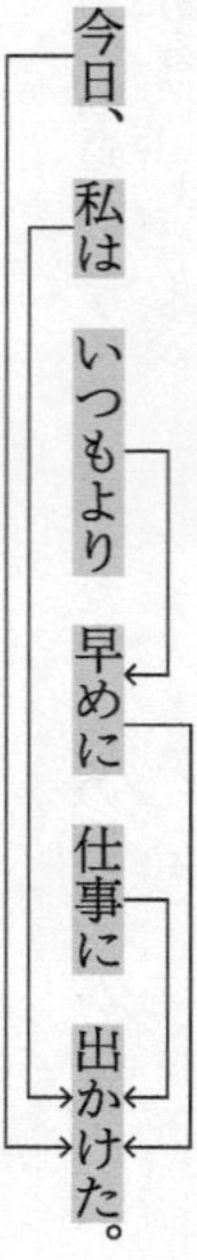

問1 朝から　晩まで　電話が　鳴りっぱなしで　ある。

問2 空が　真っ青なので、早くから　ピクニックに　出かけた。

解答

問1 朝から 晩まで 電話が 鳴りっぱなしで ある。

問2 空が 真っ青なので、早くから ピクニックに 出かけた。

3 現代文は論理の教科

あなたは学生時代、現代文という教科を所詮センス・感覚だと思い込んではいなかっただろうか？

私は、**「現代文を論理の教科だ」**と断言している。そういった意味で現代文は数学に最も近いのだが、実際には現代文と数学はまるっきり正反対のようなイメージを持たれることが多い。

それは、なぜなのか？

ともに筆者（出題者）が立てた筋道（論理）を追っていけば、最後には答に辿り着くのだが、**現代文は自然言語で表現する。**それに対して、**数学は人工言語を使用する。**つまり、両者のイメージの違いは、あくまで言語の性質によるものなのだ。

自然言語はまさに自然発生的に生まれたものであり、私たちが日常使用している言語のことである。

ところが、この自然言語には大きな特徴がある。自然言語が表せるのは基本的には概念に過ぎず、それゆえ、**その場に応じて様々な意味に変化する。**

たとえば、「桜」という言葉にしたところで、世界中にどれほどの種類の桜があるだろうか？

「桜」という言葉はそれらすべてを漠然と指しているだけである。同じ種類の「桜」にしたところで、世界中におそらく何千万本もあるだろう。今、目の前の１本の桜だって、時々刻々に変化する。

つまり「桜」という言葉だけでは、そのどれをも正確に指し示すことはできないのである。ただ漠然と、ぼんやりと「桜」と示しているに過ぎない。

このように、**言葉はその場に応じて、様々な意味に変化する**のだ。**それが自然言語の欠点でもあり、また同時に利点でもある。**言葉が曖昧であり、その場に応じて様々な意味に変化するから、私たちは有限な言葉であらゆるものを表現できるのだ。

もし、逆に自然言語が一つの意味しか表すことができないのなら、私たちは表したいものの数だけ、言葉を習得しなければならなくなる。

しかし、それでは困る世界がある。言葉がその場その場で意味を変えるとしたら、法律や数学や科学の世界では使えない。ましてや、コンピューターは動かなくなってしまうだろう。

そこで作り出されたのが、**人工言語**である。数字や記号、専門用語にコンピューター言語などがそれである。数学では「1」はあくまで「1」であるし、「+」の意味がその時の感覚で変化するはずがない。

数学は人工言語の処理能力を鍛える教科なのである。

数学が論理的で明晰なイメージを持たれがちなのは、この人工言語の性質によるところが大きい。

それに対して、現代文は論理的であっても、表現するのはあくまで**自然言語**なのだ。自然言語は使い手の感覚ひとつで、様々な意味に変化し、それを読み手が自分なりに解釈して受け取ろうとするものである。そのため当然、そこにズレが生じることになる。

だから、おそらく大方の人は、現代文に関して、「現代文は曖昧な教科である」という固定化されたイメージを抱いているのではないか？

だが、ここに大きな落とし穴がある。

実は、自然言語が曖昧で、その場で様々な意味に揺れ動くのは、その言葉が宙に浮いている時だけなのである。**言葉がいったん文章の中で使われた瞬間、言葉はたった一つの意味に固定される**のだ。

たとえば、上下に激しく振動する球があったとする。もし、その球の両端を糸で引っ張ったなら、球は動きを止める。言葉も同じであって、**文章の中で使われた瞬間、その言葉はその前後の文章に引っ張られ、一つの意味しか持ち得ない。それが「言葉のつながり」であり、広い意味での文脈なのである。**それが分かった時、現代文は決して曖昧な教科ではなく、論理的なものへと変貌する。

このように、**一文には論理があり、一つひとつの言葉は他の言葉とつながり、そこには論理的な関係が成立している。**それを理解した時、あなたの言葉の扱い方、さらには文章の読み方が変わるはずである。

曖昧な、何となくといった読み方から、論理的な読み方に変えるためには、まずは**「言葉のつながり」を意識しなければならない。**

ここで、「論理力判定テスト」の3番を見てみよう。

3　言葉のつながりを意識し、文章構造を把握する問題。

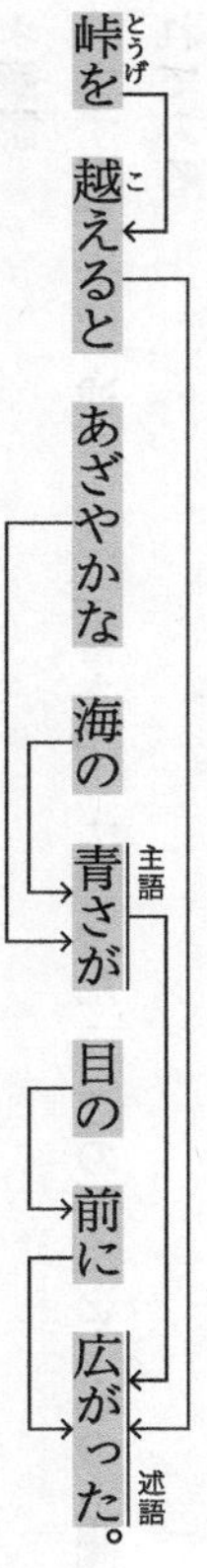

＊解説

まず、「主語―述語」の「青さが―広がった」。この要点を中心の空欄に入れてみる。

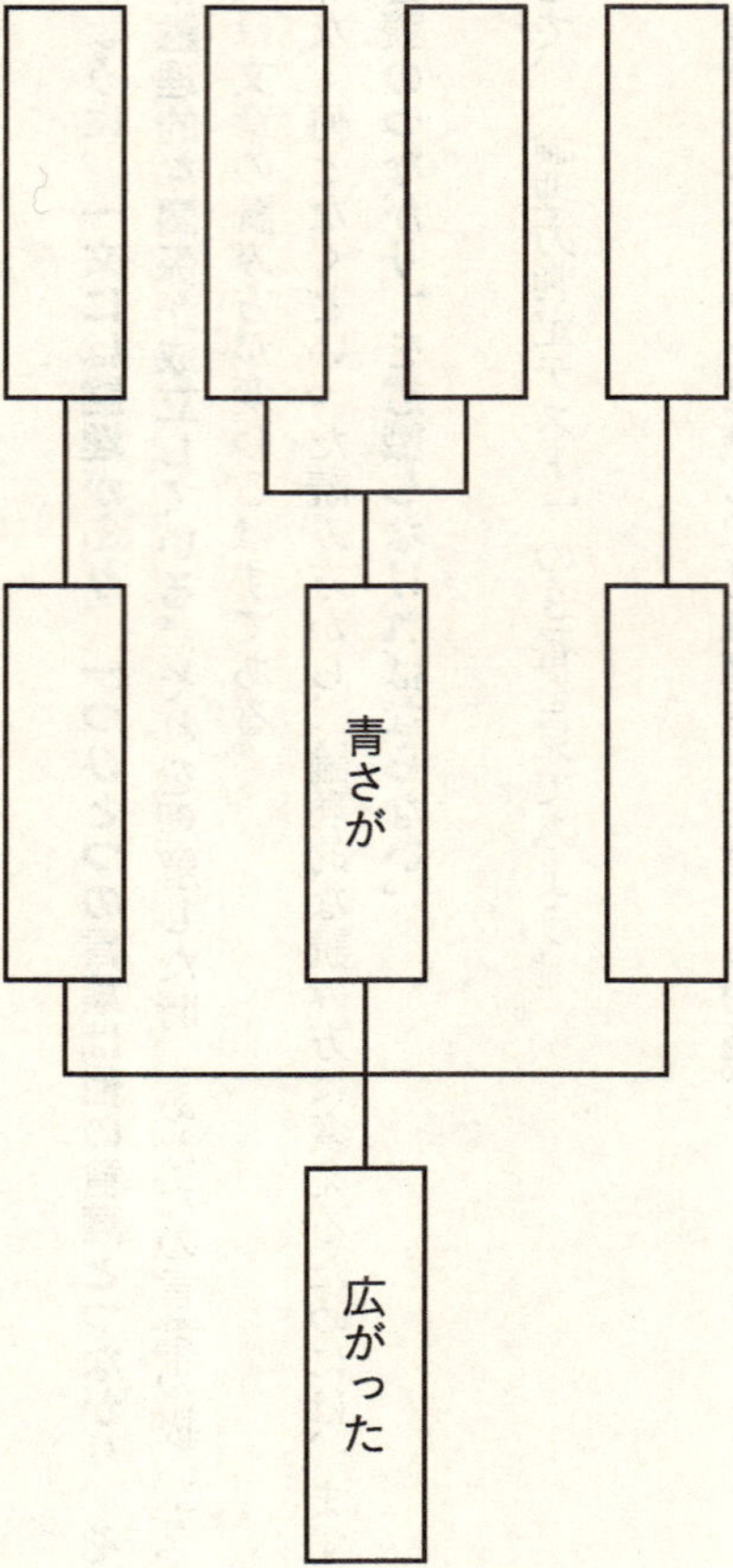

あとは飾りだが、それぞれどの言葉を飾っているのかを考えながら、**上から下に読んでみると、この一文の構造が見えてくる。**↓線を追っていけば、残りの空欄は自然と埋まるだろう。


さて、ここまでが一文を論理的に把握できたかどうかの問題。

今、あなたは「何となく」といった文章の読み方から、「論理を意識した」読み方へと変えようとしている。そのためには、まず一文の捉え方を変えることである。

そこから一歩を踏み出していこう。

4　文と文の間にも論理がある

言葉と言葉には論理的なつながりがあり、それらが合わさって一つの文を作っている。そして、一文が集まって、段落を形成する。当然、**一文と一文との間にも論理的な関係は成立する。**

それを捉まえるために、**接続語の問題**について考えてみよう。

今までに現代文の問題で、空所に接続語を入れる問題を何度も解いたことがあると思う。「そして」「しかし」「たとえば」などを入れるのだが、どんなに練習しても正答率が高くならなかったのではないか。

大抵の人は日常、接続語くらいは正しく使っているものである。それなのに、実際に問題を解く時は、やはり合ったり間違ったり。英語でも数学でも、練習すれば、当然それだけ正答率は上がってくるはずなのに、これは実に不思議なことである。

この**接続語の問題**は、あなたのどんな力を見るためのものなのだろうか？

実は、**あなたの論理力を試している**のだ。

だから、普段接続語を正しく使えたとしても、「何となく」といった文章の読み方をしている限り、正答率が上がることはない。何問解いたところで、変わらない。

論理的に読めば、自然と先を予想できるものである。

たとえば、**今がこうならば、次はこうしかないというように、先を予想し、それを確認しながら読んでいけば、誤読の可能性はほとんどない。**

例を挙げよう。

● 彼は一生懸命勉強した。だから成績が上がった。

「彼は一生懸命勉強した」とあれば、私たちは無意識に当然成績は上がるだろうと予想する。その予想通りに事態が進行すれば、順接「だから」を使用する。

逆に、「だが」といった逆接を使えば、事態が予想通りにならなかったことを明示したことになる。

● 彼は一生懸命勉強した。だが、――。

とあれば、私たちは先を読まなくても、勉強したにもかかわらず、成績が上がらなかったのだと自然に予想するのである。

● 彼は甘いものが嫌いである。たとえば、ケーキや、チョコレートなどがそうだ。

この「たとえば」は例示で、「甘いもの」と「ケーキ、チョコレート」が一般と具体といった**「イコールの関係」**であることを示している。

このように、**一文が「主語―述語」と論理的にできていると同時に、一文と一文も論理的な関係にあり、それを示しているのが接続語なのである。**

もし論理的につながらない時は、「さて」といった話題の転換を示す接続語を使うのである。

一文の構造に着目したなら、次に接続語に着目して文章を読んでみよう。何となくといった読み方から、文章の論理構造を追っていく読み方に変えるために。

ここで、もう一つ、大切なことがある。文章を読む時は、まず要点をしっかりと摑むこと。そのためには飾りの部分を排除しなければならない。

一文の要点は主語と述語である。日本語においては主語が省略されることが多いから、**先に述語を捉まえ、あとから主語を探し出すことが鉄則**だ。

論理的な頭を作るには、この手順を意識することが大切である。

5　指示語は論理を表す記号

接続語が論理的関係を示す記号だとしたなら、同じような役割を果たしているのが、指示語である。指示語は、あることを述べたあと、また同じことを再び述べる場合に使うことが多い。

● 机の上にボールペンが置いてある。

● 私はそれを筆箱に入れた。

指示語の「それ」は、前の文の「ボールペン」の言い換えであり、「それ」に対して、「ボールペン」は指示内容という。

あるいは、「それ」は「ボールペン」を指しているという。

ここまでは誰もが知っていると思うが、「それ」という指示語と、「ボールペン」

という指示内容との間には、「イコールの関係」が成立している。
そのことの理解が、論理力獲得には重要なのである。
では、「論理力判定テスト」の4番、5番を見てみよう。

4 文章の要点を抜き出し、二文を一文にまとめる問題。

旅の基本は（主語①）**歩くことにあるんだ。**（述語①）車の旅が長引くにつれて**そんな**（主語②（私は）→述語②）ことを**考えた。**

＊解説
この問題は二文から成り立っている。まずは、要点の「主語—述語」を捉える。

そして「そんな」の指示内容を探すと、前半の一文となっていることが分かる。

指示内容を「そんな」に代入して一文にすると、「（私は）旅の基本は歩くことにある（んだ）ということを　考えた」となる。

5　三つの文章の論理関係を考えて一文にまとめる問題。

①　甘い思い出がある（主語：甘い思い出が ← 述語：ある）

＋　②　人生には、いろいろある（主語：いろいろ ← 述語：ある）

＋　③　苦い思い出がある（主語：苦い思い出が ← 述語：ある）

＊解説

三つの文の論理的関係を考えてみると、すべての共通なのは、「ある」という述語。

主語には、次のような論理的な関係があるので、「甘い思い出、苦い思い出など、いろいろ」と一つにまとめてやればいい。

A'　具体　甘い思い出
A'　具体　苦い思い出
　　　＝
A　一般　いろいろ

よって答は、「人生には、甘い思い出、苦い思い出など、いろいろある」。

これらは、**論理というルールのもと、言葉を取り扱うことができたかどうかを試す問題**である。

ここまでが「言葉の規則」の問題。

この問題を通して、日本語が意外と論理的にできているということに気付いて欲しい。**日本語に対する意識を変えることが、言葉の習得の次に、言語ＯＳを強化するために必要なこと**だからだ。

第5章
論理の基礎を学ぼう II
［論理の法則を理解する］

1 三つの論理的関係

さて、ここからは、「論理の法則」について学んでいこう。

通常、**まとまった文章には、筆者の主張が必ずある。**筆者はその主張を、不特定多数の読者に向かって分かってもらおうと、筋道を立てて説明する。その**筋道が論理**である。

それゆえ、文章を論理的に読むとは、**筆者の立てた筋道を無視して、自分勝手に読むことではなく、その筋道をあるがままに理解する**ことになる。

一般に用いられる論理は、**「イコールの関係」「対立関係」「因果関係」**の三つしかない。もちろん、細かく数えれば他にもたくさんあるが、基本的にはこの三つの論理的関係を駆使すれば、あなたの読み方や頭脳を充分論理的に変えることが可能である。

2 論理とは同じことの繰り返し

論理は決して難しいものではない。なぜなら、**論理とは、同じことの繰り返しであるから**だ。正確に言えば、論理的に説明されれば同じことの繰り返しになるし、同じことを繰り返さなければ、それは論理的とは言えないという、実に単純なことである。

論理と聞いただけで頭が痛くなる人もいるかもしれないが、**論理とは逆に複雑なことを単純にする方法**なのである。

一つの文章には無数の言葉があり、それぞれの言葉に意味がある。それらを決められた時間で理解しようと思えば、それこそ頭が痛くなる。

ところが、どんなに長い文章でも、どんなにたくさんの意味が並んでいても、それがたった一つの繰り返しだとすれば、どんなに楽だろうか。私などは頭を使いたくないから、論理を摑まえようとするのだ。

論説文が論理の文章である限り、それはたった一つの繰り返しになる。

このことは私たちが普段から使っていることで、決して驚くことではない。

たとえば、数学なんかはどうだろうか。

$$2x+2=6$$

$$2x=4$$

$$x=2$$

●●●

この計算が論理的に正しいのは、すべてがイコールで結ばれているからである。

つまり、同じことの繰り返しであって、単に式を変形したに過ぎない。

さて、このことを文章の読み方の話に戻して考えてみよう。

3 イコールの関係

イコールの関係こそ、文章を論理的に読むための鍵である。

そこで、代表的なものをここで紹介していこう。

イコールの関係❶ 具体例

論説文では、筆者はたった一つのことを不特定多数の人に伝えようと筋道を立てる。その筋道が論理である。

ここで、筋道を立てるとは具体的にどのようにするのかを考えてみよう。

とりあえず、筆者の伝えたいことを**A**とする。それを不特定多数の人に分かってもらうためには、なるほどと思わせるような証拠を挙げればいいわけである。

これを具体例（**A'**）という。具体例をたくさん挙げれば挙げるほど、反対の考えの人でも納得せざるを得ないわけである。この具体例（**A'**）というのは、**A**（筆者の主張）の証拠として挙げたものだから、**A**の繰り返しと言える。

A　筆者の主張

＝

A' 具体例

では、簡単な例を挙げてみよう。

例題1

日本人は昔から自然と一体化しようとした。自然とは春夏秋冬と絶えず変化し、永遠なるものなど一つもない。芽が出て、すくすくと成長し、やがて花が咲き、実がなり、花は散って実が地に落ちる。

花は永遠の生命を持たないからこそはかなく、それゆえ美しい。私たちはその一瞬の命を愛しんだのだ。

夏の夜空に打ち上げられる花火は、大きく花開いたあと、さっと散っていく。私たちがそれを切ないと思うのは、昔の人が「桜は散るからこそ美しけれ」と言ったことと通じ合っている。

問 筆者は自分の主張を分からせようと、どんな具体例を挙げたのか。

解答

打ち上げ花火

左に示すように、筆者は主張**A**を裏付けるため、その証拠となる例を挙げたのであって、そこには「イコールの関係」が成り立っている。

A　筆者の主張　日本人は自然の中の一瞬の命を愛しむ

＝

A'　具体例　花火の例

イコールの関係❷ **体験**

あるいは、筆者がもっと分かってもらおうとして、自分の体験談や人から聞いた話を引っぱってくるかもしれない。

どのような体験談であっても、**A**ということを分かってもらおうと思って、それにふさわしい話を持ってきたのだから、これらも**A**の繰り返しと言える。

A　筆者の主張

＝

A'　体験エピソード

例題2

正月、初詣に行った時のことである。合格祈願の絵馬が重なるように掛けられているのを見て、不思議な思いがした。

信仰とは神の前で己を低くすることにある。己を空っぽにした時そこに神が入ってくる。神と一体化することで、心は平静を取り戻すことができるのだ。やるだけやった、あとは神さまにお任せします、それが真の信仰心ではないだろうか？

　ところが、現代の信仰のあり方は、それと逆ではないだろうか。聖なるものの前で、自分のエゴを剝き出しにする。自分だけが合格したい、本来押し隠すべきエゴを、神の前でさらけ出しても何とも思わない。神社もそれを売り物にする。
　そこに、自我がエゴにすり替わってしまった、現代の危機的状況があるのではないか。

問　現代の危機的状況の例として、筆者はどんな体験を挙げているか？

解答
初詣での合格祈願

イコールの関係❸　引用

　さらに、筆者が別の人の文章を引っぱってきたとしよう。
　なぜ、引っぱってきたかというと、それが筆者の伝えたいこととまさに同じこととを述べている文章だからである。

このことを、引用という。ここでも、次の関係が成り立つ。

A　筆者の主張

=

A'　引用

例題3

パラドックス（逆説）という、論理的な手法がある。

一見真実と逆のことを提示しながら、実はそれが真実だと分からせる方法である。

急がば回れ。

急いでいる時は近道をするのが普通である。ところが、回り道をせよと言う。まさに真実とは逆で、僕たちは思わずえっと思ってしまう。そうやって、相手の注意をこちらに向かせながら、実は慌てるよりも慎重に事を運んだほうがかえって物事はうまくいくという、ある種の真実を提示したわけだ。

このように、パラドックスは一見真実と逆のことを提示することによって、相手の注意を喚起する高度なテクニックである。

問 パラドックスの例として、筆者は何を引用していますか？

解答

急がば回れということわざ

イコールの関係❹ 比喩

さて、次に比喩について説明しよう。比喩は入試問題でもっともよく出題され、なおかつもっとも難しいものである。

一般に、**筆者が伝えたいことは、一般的、普遍的なもの**である。

つまり、お昼にうどんを食べるかラーメンを食べるかは、あまり論説文のテーマにはならないのだ。

テーマになるものは、日本の文化や言語、近代化の問題や環境問題などであって、これらは普遍的なだけに形もなければ目にも見えない。私たちはそういったものを、なかなか実感しにくいものなのである。だから、「理屈は分かるけど、なんかピンとこないな」と言ったりする。

そのような場合、**目に見えない形のないものを身近なものに置き換えて、同じことを繰り返してやると、なんとなく分かったような気がする**ものである。

それを、**「たとえる」**という。

たとえば、真っ赤なほっぺたをリンゴに置き換えると、その赤さが身近なものとして実感できるのである。その時、ほっぺたをリンゴに「たとえた」という。

確かに、**比喩はいったん別のものに置き換える**だけに、具体例とは性質が異なっているが、**A**の繰り返しには違いないので、ここでは**A"**としておこう。

A　筆者の主張
＝

A"　比喩

例題4

はてしなき議論の後の
冷めたるココアのひと匙を啜りて、
そのうすにがき舌触りに
われは知る、テロリストの
かなしき、かなしき心を。

石川啄木「ココアのひと匙」

問　この詩の中で、「イコールの関係」を指摘せよ。

解答

冷めたるココアのひと匙の舌触り＝テロリストのかなしき心

テロリストとて、何も自ら喜んで、自分の命と引き替えに、無差別の殺人を行っているわけではない。そうした、言葉では説明がつかないテロリストのかなしい心を、甘いココアの、それが冷めてしまった後味の悪さにたとえている。

ここまでのイコールの関係をまとめると、次のようになる。

A　筆者の主張
＝
A'　具体例／体験エピソード／引用
＝
A"　比喩

このように、もし筆者が論理的に説明しようとすれば、形を変えて繰り返すことになるのである。

4　対立関係

私たちが物事を論理的に説明しようとすれば、自ずと同じことの繰り返しになると指摘した。これが**「イコールの関係」**である。

実は、論理にはもう一つ大切な関係がある。それが、**筆者の主張を明確にしたい時、それと反対のものを持ち出す「対立関係」**である。

たとえば、日本について言いたいから西洋を、現代について言いたいから過去を持ち出して比べるのである。

その代表が対比だが、大切なのはあくまで日本や現代であって、この場合、西洋や過去は日本や現代を鮮明にするために持ち出したに過ぎない。

A　⇔　筆者の主張

B　対立するもの（比較するもの）

例題5

日本の庭園は、人為の限りを尽くした果てに未完成のまま放置し、あとは自然に任せてしまう。やがて、苔むし完成する。西洋の庭園はすべてが人為によって完成される。最初に設計図を書き、噴水、ベンチ、売店と人工によって整理され、花壇の中に花が植えられる。そこに自然の命を尊ぶ日本人の芸術観と人工の手によって作り上げようとする西洋の芸術観との違いがある。

問　何と何が対比され、何がその具体例として挙げられているのか？

解答

（対比されているもの）日本と西洋の芸術観　（具体例）庭園

私たちは「空」と「海」、「男」と「女」など、言葉で世界を整理した。**「イコールの関係」**や**「対立関係」で世界を捉え、その上でものを考えたり、感じたりしたのだ。**

論理とは言葉の最小限の規則による使い方である。まずは、この二つの関係を完全に習得することが肝心である。

5　因果関係

論理的な文章は、大抵**「小見出し」段落**から成り立っている。あとに詳述するが、この**「小見出し」が、「話題」もしくは「筆者の主張」となっていることが多い。**だから、以下、その筋道を追っていけばいい。

「小見出し」段落においては、「筆者の主張」が一つの場合も多いが、時には二つの場合もある。その時、二つの主張は因果関係で結ばれている。

A　筆者の主張1（理由・原因）
↑（だから）
B　筆者の主張2（結論・結果）

筆者はまず**A**という主張を論証し、それを前提に、だから**B**となると論理を展開する。

その場合は、**A**が**（理由・原因）**となり、**B**がその**（結論・結果）**となる。

二つの主張に何の関係もない場合があると思うかもしれないが、そういった心配はほとんどないと思っていい。もし、筆者の主張1と2との間に何の因果関係もない場合は、一般には違う小見出しをつけるからである。

ここで一つ接続語の説明を思い出して欲しい。

● 私は一生懸命勉強した。だから、成績が上がった。

この場合、**「だから」**が**因果の接続語**で、「成績が上がった」が**結果**で、「私は一生懸命勉強した」がその**理由**となる。

このように、文と文との関係にも因果関係があり、それと同じように短い文章であっても、その中に因果関係があるのである。

まとまった文章を読む時、その要点を取り出してみる。そして、筆者の主張が複数ある時は、その因果関係を考えてみる。

それがロジカル・リーディングには大切である。

ここで一つの補足がある。日本語の文章の場合は、敢えて理由を示さないことが多い。証拠となる具体例を挙げれば、それで読者は充分理解してくれると、筆者が無意識に信じ込んでいる場合が多いからである。

A　筆者の主張

＝

A'　証拠となる具体例

これが日本語の文章だ。ところが英文ではこうはいかない。

A　筆者の主張

＝

A'　証拠となる具体例

（理由）**A'**が**A**の証拠となる理由説明

このように英文では、一つひとつの主張に、理由説明を執拗に入れてくる。だから、複数の主張がある場合は、くどいほど因果関係を明示する。

このあたりにも日本人と西洋人の民族性、文化・歴史的背景の違いがあって、面白い。

6 訓練次第で頭脳は活性化する

では、「論理力判定テスト」の6番と7番を、もう一度考えてみよう。

6 次のア〜エの文を意味が通るように並び替える問題。

ア 疑いがかけられることのないよう審査過程の透明性はもっと上げる必要がある。

B 筆者の主張（結論・結果）

因果関係

イ ただ、助成資金の配分も戦略拠点の選定も、審査過程は透明性が充分ではない。それだけ官僚や政治の恣意《しい》が入り込む余地があるわけで、利益誘導も癒着も、そして不正も起こりうる構図になっている。

対立関係を示す記号

A 筆者の主張（結論・結果）

対立関係

ウ 文科省が差配する科学技術予算は2007年度に約２兆３千億円。

A' 具体例

イコールの関係

エ 科学技術立国やイノベーション促進は政府の重点施策でもあるので、

関連予算は増えるだろう。

A 筆者の主張

＊解説

まとまった短い文章を、論理的に読み取ることができたかどうかの問題。

各選択肢の論理的なつながりを考える。

ア「疑いがかけられることのないよう」は、イ「不正も起こりうる構図になっている」と論理的につながっている。そこで、「イ→ア」。

ウ「科学技術予算は～約2兆3千億円」は、エ「政府の重点施策でもあるので～増えるだろう」と論理的につながっている。そこで、「ウ→エ」。

次に、エとイとの関係を考えると、エ「関連予算は増えるだろう」と、「イただ、助成金の配分も～透明性が充分ではない」が「ただ」で論理的につながっている。

そこで、「ウ→エ→イ→ア」の順番だと分かる。

この程度の問題なら、時間をかければ誰でもできるわけで、要は瞬時にこのような頭の使い方ができるかどうかである。

もし、あなたが今無理でも、訓練次第でいくらでも可能になる。その結果、あなたの頭脳が活性化するのだ。

7

（1）は、第1、2段落の論理関係を問う問題。

（2）は、□□□□に入る言葉と、文章の趣旨を問う問題。

A筆者の主張（一般）

（1）

歴史を考えると、すぐにぶつかる問題がある。それは、時間をどうやって認識するか、という問題だ。空間のほうは、視覚を通してかなりの程度カバーできるから、問題はすくないが、時間のほうは、直接認識することは、人間にはできない。

＝

これは、われわれが日常経験することだけれど、この間、何があった、ということは覚えていても、それが2日前のことだったのか、3日前のことだったのか、1週間前のことだったのか、1カ月前のことだったのか、あるいは去年のことだったのか、そういうことになると、きわめて漠然とした記憶しかないのがふつうだ。

A' 具体

＊解説

第1段落の要点は、「歴史を考える場合、時間をどうやって認識するかという問題にぶつかる」ということ。

それに対して、第2段落はその証拠となる日常経験の例を挙げている。もちろん、第1段落と第2段落は、**「一般」**から**「具体」**といった**「イコールの関係」**になっている。

(2)

情けと意識と知識。それらが全部合わさって、知性になる。インテリジェンスになる。そうしたことを経て、立派な人間になる。

知、情、意がそろっていれば、人は「行い」をするようになる。行えばまた賢くなり、また情がわいてくる。それらは交互に出てくる。だから、中国でも「□□□□」と言う。

A' 具体

イコールの関係

知ることと行うことを一緒になってやれということである。

A 筆者の主張（まとめ）

＊解説

最後の一文で全体をまとめているので、「知ることと行うことを一緒になってやれ」が、この文章の趣旨（筆者の主張）。問１に入る四字熟語は「知行合一」となる。

この文章もやはり、**「具体」**から**「まとめ（要点）」**といった**「イコールの関係」**で成り立っている。

文章の趣旨を理解するためには、素早く要点となる箇所を摑み出せばいいのだ。


さあ、あなたの読み方は、どうだったろうか？

筆者がせっかく筋道（論理）を立てて説明してくれているのに、その筋道を無視して、自分勝手に読んではいなかっただろうか？

筆者が立てた筋道を追っていくだけで、文章は速く、しかも正確に読み取ることができるし、読み終えたあとは頭がすっきりし（この状態を明晰という）、呑み込めるようになるのである。

このように文章には必ず論理があり、そこに着目することによって、あなたの文章の読み方、頭の使い方がみるみる変わっていくのである。

第6章
読書テクニックを身に付けよう
［論理力を養成する読書法を知る］

論理の基本を学んだなら、次は、その**応用編**である。
あなたの読書術を、「ザルで水をすくうもの」から、「論理力を身に付けるためのもの」に変えるべく、ここからは実践的なテクニックを学んでいこう。

1 巻の速読は使い捨ての方法

書店に行けば、速読法に関する本が氾濫している。

現代は情報化時代であり、それゆえいかに早く、多くの情報を獲得するかが生命線となる。だから、速読術がもてはやされる。

確かに、膨大な情報から、あなたが必要な情報を手に入れることは、この現代において大切なことかもしれないが、私にはそれが無意味なことに思えるのだ。

昔から、ザルで水をすくうといった言い方をすることがあるが、いくら懸命に水をすくったところで、**ザルですくう限り、労多くして功少なし**である。

やはり、せっかく獲得した知識を自分の脳の養分として生かし、その分教養が身に付き、頭の使い方や世の中の見方が変化しなければつまらない。所詮、人の一生は短いのだから、頭を使う時はなるべく無駄のないように、有効に活用したいものだ。

巷の速読法の多くは斜め読み、飛ばし読みの方法である。確かに速く読めるかもしれないが、論理に基づくものでない限り、真に文章を理解できるわけではない。**速く読むためには、筆者の立てた筋道を早く、正確に読み取らなければならない。それ以外の読み方など、本来はないはずである。**

たとえば私が入試の問題文を読む時は、設問に答えなければならないから、筆者の立てた筋道を理解しようとして読む。だから、長い文章でも限られた時間で要点を取り出すことができ、設問に対して、筋道を立てて答えることができるのだ。

ここで私の読むポイントを紹介しよう。

どんなに長い文章でも、必ず「要点」と「飾り」とでできている。まずは、そこに目を付けて要点を取り出す。文章の要点と要点も、論理の法則で成り立っているから、それをふまえれば最終結論（趣旨）を捉まえることができる。

このように論理を意識し、筋道を追っていけば、素早く要点を捉まえることができ、正確に、速く読むことができる。そうすることで、あなたの頭脳は明晰になる。そして、文章を理解しているからこそ、内容を人に説明したり、頭の中で整理し、記憶したりすることが可能になる。

大切なことは、こうした**論理的な読み方を体得することで、自然にあなたの頭脳が論理的なものへと改造される**ことである。

2 頭の回転は目の動きに比例する

巷の速読法は使い捨ての方法だと先述したが、私は決して巷の速読法を頭から否定するわけではない。なぜなら、**人の頭の回転は目の動きに比例する**からだ。

私たちは文章の論理を追っている時、目を自然と先へ先へと動かしている。その時、頭は目まぐるしく回転し始めているのだが、目が活字の前で止まった時、私たちの頭脳の回転もまた止まる。要は、ぼおっとしている状態なのだ。

そこで、速読法の多くは、目を素早く動かす技術を体得させようとするのだが、私の読書法は違う。**私の方法は、論理とは無関係な目を動かす技術的な訓練をするのではなく、論理を意識することで目を先へ先へと動かすものである。**すでに述べたように、**論理とは先を予想する方法であるから、自然と目が先へ動く**のである。

私が危惧するのは、私たちが戦後からの国語教育によって、文章をゆっくり読むことが精読だと、間違った観念を押しつけられてしまっていることである。国語の授業では、本来10分かそこらで読める短い文章を、１週間も２週間もかけて読み込んでいく。だが、そのぶんどれだけ深く読み込めたかというと、心許ないのではないか。

怖いのは、小学校以来そうした読み方に馴らされてしまっているということである。ゆっくり読むことは精読ではなく、単に頭の回転が止まっているだけだ。**真の精読とは、素早く、しかも正確に文章を読み取り、それをゆっくりと鑑賞することである。**

繰り返しになるが、ゆっくり読むということは、文章の論理を追っていないことになる。何もそのぶん深く読めているわけではないのだ。

つまり、あなたに論理的な読み方ができていさえすれば、文章を速く読むことと、正確に読むこととは、何ら矛盾しないのである。

3 目次・小見出しを利用する

ビジネス書の場合、本の最初のほうに必ず目次が付いている。

目次は、**全体を俯瞰できる点で大切な役割を担っている。**

俯瞰とは高い地点から全体を見渡すことである。

文章を読む時に気を付けなければならないことは、**木を見て森を見ずとならないこと**である。ディテールばかりに目がいって、結局筆者が何を言いたいのかを摑み損ねてしまわないことだ。

たとえば本書の場合でも、章ごとのタイトルを見渡すだけで全体を俯瞰できる。

本書の9ページから始まる目次を、私と一緒に見ていこう。

目的は「読書法改革」であり、読書によって論理力を獲得しようというもの。

第1章で自分の現在の論理力を測定することから始まる。

第2章で論理とは何かを知り、第3章で論理の前提となる言葉の問題を理解する。

第4、5章で論理の基礎を学び、第6章で様々な読書法を知る。

第7、8章では、実際に論説文を論理的に読み、ストックノートを作る。

そして最後の第9章で、身に付けた論理力を様々な日常の場面で応用する方法を知る。

このように、まずは目次を利用して全体を俯瞰しよう。

次に、小見出し段落に着目する。

一文は、文節と文節とが集まってできている。その一文が集まって形式段落を形成する。その形式段落が集まって意味段落となり、意味段落が集まって全体の段落ができあがる。それが**小見出し段落**だ。

そして、文節と文節、一文と一文、段落と段落との間には論理的な関係がある。

このように言葉は、密接に関係し合っているものなのである。

だから、**全体と切り離して、ディテールだけをどれだけ理解したところで、何の意味もない。**

本書の場合でも、第5章を見ると、六つの小見出しが並んでいる。その小見出しの間の論理的な関係を見てみると、1で論理的関係は三つあると分かり、2〜5で、その三つとは「イコールの関係」「対立関係」「因果関係」の三つであることが説明され、6がその実践だと分かる。

一つの小見出し「イコールの関係」だけをどれだけ理解したとしても、全体で見ると、三つある論理的関係の一つにしか過ぎないのだから、あとの二つも理解しなければ意味がない。

それゆえ、各小見出し段落を読む時は、それが全体の中でどこに位置するのかを知ることが、論理的に文章を読む上では大切なのである。

たとえば入試問題では、「次の選択肢から表題を選べ」といった問題がよく出題される。大抵この小見出し段落全体か、その中心部分が取り上げられている。

筆者がもっとも言いたいことが趣旨（要旨）で、**それを語句の形にしたものが題**

（表題・主題）なのだが、実はこの小見出しが答となることが多い（もちろん、実際の試験問題では、小見出し自体が削除された形で掲載されている）。

つまり、小見出し段落においては、筆者が一番言いたいことはそのまま小見出しとなって示されていることが一般的だということだ。

それならば、小見出しを活用しない手はない。


小見出しがこれほど便利なのに、どうもほとんどの読者が、これを利用していないようである。実に勿体ないことだ。

まず小見出しを脳裏に叩き込み、次に本文を読む。

そして、小見出しの内容を理解し、その論証過程を捉まえればいいわけだ。

そうすれば、大きなところで誤読の可能性はなくなるわけだし、速く、正確に文章を読み取ることができるようになる。

4 一般か具体かを意識する

論理力を獲得する読書テクニックの一番のコツは、**具体と一般を意識しながら読むこと**である。つまり、**抽象の能力を身に付ける**ことにある。

ここで、筆者の主張を、とりあえずは**「命題」**と名付けよう。その**命題の中心となる箇所が「要点」**で、それが人間の肉体では骨に当たる。

人間の骨は一つとは限らない。頭蓋骨や背骨もあれば、手足の骨もあり、それぞれに肉が付いている。命題はその骨に当たるもので、もちろん一つとは限らない。だが、頭蓋骨や背骨は一つしかない。それが「趣旨」であり、筆者の立てた筋道だと考えればいい。

私は先ほど、文章を速く、正確に読むには、要点を捉まえればいいと言った。ところが、いったい、どうやって要点を摑めばいいのだろう？

それに対する答はこうだ。

「命題」を捉まえればいい。そこに線を引いて読むのである。

では、どうやって命題を捉まえればいいのか？

命題には二つの条件がある。

①　一般的であること

②　論証責任を果たすこと

この二つを充たしたものが命題で、そこを読み取ればいいのである。

たとえば、私が今晩何を食べようかといったことは命題とはならない。なぜなら、それは私個人の問題であって、一般的ではないからだ。もちろん、私が決めればいいわけだから、論証責任も伴わない。

ところが、「言語には限界がある」だと命題となりうる。それは一般的なことだし、具体例を挙げながら、誰にでも納得できるように論証する必要が生じるからだ。

論証するには、具体例を挙げたり、エピソードを挙げたりしなければならない。

つまり、具体例やエピソードは、命題と比較すると具体的なのである。

これは、第5章で説明した「イコールの関係」である。

A　筆者の主張（命題）

＝

A'　具体例・エピソード（具体）

一般か具体かは相対的なもの。

たとえば「受験生」は、「人」に比べて具体的だが、「A君」と比べると一般的だと言える。

文書を読む時、一般か具体かを意識しながら読む。そして、一般化した箇所を探し出し、そこで目を止める。できることなら、線を引く。そして、命題（要点）と命題との論理的関係を捉まえる。それが論理的な読解法なのである。

5 論理パターンを利用する

命題をAとし、具体例などをA'とする時、文章の冒頭は、Aから始まるか、A'から始まるかのどちらかでしかない。

冒頭、Aから始まった文章は、当然その命題に対して論証責任を生じるから、次にA'が来ることは分かっている。それらはすべてAに対して、「イコールの関係」なので、それを確認するように読んでいけばいい。

A'から始める文章は、そこでは判断保留である。必ずどこかでAが登場するから、そこまで一気に読んでいく。なぜなら、冒頭のA'はあくまで命題Aの証拠として挙げられたものなので、Aを発見するまでは勝手な判断が許されないからだ。

A　↓　A'（A'を確認しながら読んでいく）

A'　↓　A（Aを見付けるまで一気に読んでいく）

このように**スピードを上げて読む時と、しっかり目を止めて線を引っ張るところを、自在に使い分けなければならない。**

ただゆっくりと読むのは精読ではなく、頭を使っていないだけである。

ここで一つ補足がある。

命題**A**を論証したら、そこで小見出し段落が完結する場合と、そうでない場合とがあるのだ。完結しない時は、主に**A→B**といった因果関係が示されることが多い。**Aを論証し、それを前提に、↓（だから）Bであると、次に結論を提示する**のである。

もちろんすべての文章が、このような論理パターンに当てはまるわけではない。文章は生き物であって、時には読者が予想も付かない展開に持ち込まれることもある。

だが、こうした論理の基本を習得することは、あなたの読解法に芯ができるという点で重要である。そして、そのことなしに、あなたの頭脳を論理的に改造することなどできないのだ。

6 文章は汚して読む

大切な本を汚したくなかったり、あるいは古本屋に売ることも考えて、本を綺麗に読む人がいるが、文学作品ならともかく、ビジネス書は汚しながら読むべきである（もっとも文学作品なら、自分が感動した本は大切に本棚に並べて欲しい。一冊一冊の本が、あなたの心を豊かにするアイテムであるからだ）。

汚し方としては、**線を引きながら**、**文章を読む**ことをおすすめする。

無理に色分けしたり、記号をつけたりする必要はない。文具は何だっていい。たとえば、色分けすることに決めていると、色鉛筆が手元になければ、その本を読む気が失せてしまうことだってあるかもしれない。こうした複雑な操作はかえって長続きがしないものである。

大切なところに線を引きながら読む、それだけで充分である。そうした**単純な作**

業ほど、実は大きな効果を生むのである。

【線を引きながら読む効用】

（1）私たちは何気なく文章を読んでいると、いつの間にか活字から目が離れ、ぼんやりしてしまうものである。ひどい場合には、ふと別のことを考えたり、眠くなったりで、集中力も途切れがちである。

手を動かしながら読む。それだけで文章に集中することができる。

しかも、どこに線を引くのかを絶えず頭に置くことで、自然と頭が論理的に働き出す。

線を引く箇所は、次の2点。

①　文章の要点となる箇所

②　自分が必要とする情報

特に、ビジネス書の場合は、目的を持って読む場合が多い。自分の求める情報を探して読むのだから、活字から目が離れることはない。

（２）要点を拾って、線を引くことができるということは、すでにあなたの読み方が変わったということである。

筆者の立てた筋道を追っているから、文章の要点を発見することができる。あるいは、要点を探して読むことで、自然に文章の論理を追う読み方ができるのである。まさに、ロジカル・リーディングが実践されている証拠となる。

（３）文章を汚して読むということは、証拠を残して読むことでもある。自分に有益だと判断した本は、繰り返し読む必要に駆られることが多い。その際、１ページ目からすべて目を通すわけにはいかない。

そこで、小見出しを利用し、必要な段落を発見したなら、まずは傍線を引いた箇所を探し出す。自分が知りたい情報が見つかれば、まずは傍線箇所を含んだ段落を読んでみればいい。

（4）要点となる箇所を拾い読みすると、**小見出し段落全体を俯瞰することができる。**あるいは、**それらを図式化したり、要約文を書くことも可能である。**これは第8章で詳述するストックノートを作る際に、必須の作業である。

もし**あなたが速読を身に付けたいなら、各小見出し段落に、2分程度の時間をかけて、時間内に趣旨（筆者が一番言いたいこと）を探し出し、それに線を引く。**論理を追うことで、筆者の趣旨・文章の要点を素早く発見し、あとは飾りに過ぎないとすることで、速く、文章の内容を理解することができるのだ。

このように、大切な箇所に線を引きながら読むことは、単純な、誰でもできる作業であるが、実はロジカル・リーディングには欠かせないことなのである。

7 論理力を鍛えるトレーニング

ここで、1冊の本を通して、論理力を鍛える方法を教えよう。

まずは、比較的内容が堅めの本を用意して欲しい。もちろん自分が興味のある分野のものがいい。理想を言えば、同じ本を2冊用意したほうがいいが、それが無理なら、トレーニングをする章だけコピーしてもいい。

文と文との間には論理的な関係があり、それを示すのが接続語だとすでに説明したが、それならば、**接続語を完全に使いこなせれば、文章を論理的に読み書きできるし、自然と論理脳を構築できる**わけだ。

そこで、自分が読みたい章をコピーし、すべての接続語を見えないように塗りつぶす。そして、その文章を繰り返し読むのである。トレーニングの際は、コピーか、塗りつぶした本の文章を読むのだから、答は塗りつぶしていない元の本を見ればすぐに分かる。そうやって、接続語の使い方を体に叩き込むのだ。

また、**日本語の使い方を習熟するには、助動詞・助詞をマスターすることも大切**である。だから、今度は助動詞・助詞をすべて塗りつぶして、その本を読んでみる。

助動詞とは、たとえば、「かもしれない」「しなければならない」「するだろう」といった、動詞に意味を付加する語で、助詞は、「てにをは」と呼ばれ、たとえば「海に行った」の「に」に当たる。

このように、1冊は解答用として綺麗なまま保管し、コピーもしくは、もう1冊をぼろぼろに塗りつぶしていくことで、あなたの頭脳を鍛え抜くことができるのだ。

8 ビジネス書の選び方

今やビジネス書ブームで、大型書店には所狭しとベストセラーが平積みとなって、いったいどれを読んでいいのかと迷う人も多いだろう。

膨大な数の新刊書が本屋に並ぶと、私たちはどれを買っていいか分からない。勢い、話題になった本やベストセラーを買うことになる。

だが、そうしたものがいい本だとは限らない。ベストセラーは話題としては読む価値があるが、意外と内容のないものが多いものだ。

実際、年々読みやすく、そのぶん内容が薄い本が売れる傾向が強まっているが、まずは、自分にとって有益な1冊を選ぶことから始めたい。

時には人とは違う発想こそが必要であって、その意味では隠れた名著を発見することのほうがずっと役に立つこともある。

大型書店の新刊コーナーに立って、自分の目で素晴らしい本を発見するのも大いなる楽しみである。

また、タイトルに騙されないこと。

実は、タイトルは作者ではなく、出版社側が、特に営業の意向で付ける場合が多い。読者の関心を引くために、敢えて逆説的な言い回しをすることも流行っていて、タイトルと中身が必ずしも一致するとは限らないのだ。

タイトルは広告と思って、しっかりと中身をチェックすること。

では、どうやってあなたにとって有益な1冊を選べば良いのか？

最初に、著者のプロフィールを読むこと。 著者の専門は何で、他にどんな種類の本を書いているのかを知るのだ。最近は素人が生半可の知識で本を書いていることも多い。必ずしも専門家が信用できるとは限らないが、本の中身がどれだけの成功体験に裏打ちされているかは、やはり重要である。

次に、目次に目を通す。 タイトルと大きな章立てを見て、その本全体が何を言わんとしているのか、その著者がどんな立場に立っているのか、全体を俯瞰する。

「はじめに」「おわりに」 があれば、**次にそこをじっくりと読む。** それだけでその本の内容が大方見えてくるものである。

その段階で琴線に触れるものがなければ、その本とは縁がなかったのである。それだけなら立ち読みでも充分可能で、それがベストセラーであれば話題にくらいはついて行けるはずである。

さて、その本に関して僅かでも関心を持ったなら、次に**小見出し段落を眺めてみる。**

自分が引っかかったテーマ、読んでみたいと思った小見出しが、少なくとも2、3はあっただろうか？　それがなければ、その本も自分には無縁だったと、書店の元の位置に返そう。たった二つか三つ、気になる小見出しがあれば、その本は検討に値するものなのだ。そこで、本文に入り、その小見出し段落をじっくりと読んでみる。大抵は2～8ページくらいの分量。立ち読み可能である。

たとえば、三つの小見出し段落を読んでみて、そのうちの二つに関心が持てる、あるいは面白いと思ったなら、すぐに書店のレジに行けばいい。

それは間違いなく、あなたが選んだ、あなたに縁のある本なのだから。

ビジネス書は、基本的に自分にとって有益な情報を得ることが目的なので、必ずしも1冊全部を読むことはない。また最初から順番に読む必要もないのである。

もし、あなたが忙しくて、購入した本を隅から隅までじっくり読む時間がないとしよう。そんな時、そのビジネス書を、いったいどのように読んだらいいのか？

その本が1冊で何か一つを言おうとしているのか、様々な情報を羅列しているのかで、あなたの読み方は違ってくるだろう。

前者の場合は、**各小見出し段落の内容は、作者が言いたいたった一つのことを裏付ける、データのようなものだ。**アトランダムに、できたら各章に一つか二つの小見出し段落をじっくり読んでみること。その段階で、筆者が伝えたいたった一つのことがなるほどと思えたなら、その本はそれでおしまいにして構わない。

ただし、古本屋に売ってしまわないこと。また必ず読みたくなる時が来るから、あなたの本棚に大切に並べておいて欲しい。

後者の場合は、**小見出し段落を見て、あなたが必要だと思う情報だけをピックアップして、その段落だけを読めばいい。**読みたい段落が10程度もあれば、その本は購入する価値があったと思っていい。

限られた時間の中で、必要な情報だけを手に入れるためには、「小見出し」をフルに活用するべきである。

9 新聞の読み方

新聞こそ、小見出し段落を利用するといった方法が有効である。

記者の一番言いたいことが小見出しになっているはずだから、まずは自分の興味がある小見出し段落を読んでみると良い。新聞を読み慣れてくると、次第に関心のある領域が広がっていくので、最初からあまり無理して読もうとすることはない。

ビジネス書の章に当たるのが、新聞の面である。

たとえば、第1面が政治を中心とした、その日の大切な記事であるとか、文化面、経済面、社会面、スポーツ面などといった、様々なジャンルによって掲載面が分けられている。

ビジネスパーソンとしては、第1面と経済面は必読である。

一般に**巻頭随筆**（たとえば私が読んでいる朝日新聞なら天声人語）は**新聞の顔**である。2、3分ほどで読めるので、毎朝、頭のトレーニングとして一読する価値がある。

非常に論理的な文章が多いので、トレーニングには最適である。

また、**社説は新聞社の声**である。全部に目を通す必要はなく、小見出しを見て、自分が関心のあるテーマに限って読めばいい。

時間に余裕があれば、その日起こった同じ事件に関して、各新聞社の社説を読み比べてみるのも面白い。各新聞社の姿勢の違いが如実に出て、同じ事件でも様々な捉え方があるのだとおそらく驚くことが多いのではないか。

ビジネスパーソンにとって、一面的なものの捉え方や考え方は、硬直した頭を作ってしまう。だからこそ、**各新聞社の社説を比較することは、論理的な頭脳を作り上げるのに有効である。**

実は、新聞を読む際に、大きな落とし穴がある。新聞は原則としてその日その日の事件を扱うものであるため、現象面や、些末的な情報の羅列になりがちなのだ。**その事件には必ず背後に大きな問題があり、また過去の出来事（たとえば政治家の発言など）との間には因果関係がある。**一つの事件を理解するには、過去の報道をつなげて考えなければならないことが多いし、政治や経済問題などはその背景となる知識が必要になる。

新聞記事だけではどうしてもその全体像を俯瞰することができないのだ。

では、全体を俯瞰するためには、どのように読めば良いのか？

実は、新聞で一番読む価値があるのは、そうした出来事の羅列ではなく、**経済欄や社会欄、文化欄などに寄稿された専門家の論説文**である。

そうした文章は一つの問題に対して、背後にあるものや様々な出来事との因果関係を示してくれるものが多くて読み応えがあり、特に、夕刊に掲載されることが多い。

さらに『アエラ』など硬派な週刊誌の記事を併読すると、現代社会の様々な問題が整理され、次に新聞を読む時、その出来事の背景まで理解できるようになる。

また、**意外と役に立つのが、新聞広告欄**である。

私は週刊誌など、それほど読むことはないが、毎日週刊誌の新聞広告だけには必ず目を通す。ここには**週刊誌の小見出しが一覧できる**ようになっているので、**各社の週刊誌の小見出しをざっと眺めるだけで、「今」が面白いように見えてくる。**表面的にではあるが、現代を短時間で捉えることができるのだ。

これらの情報を出来事と関連させながら読むことで、全体像を俯瞰することができるようになるのである。

10 名作で頭脳を鍛える

最近は、近代文学が読まれなくなっている。

その一方で、携帯小説などのエンターテインメント小説は、爆発的な売れ行きを見せている。人気の理由は、読み出したら止まらないといった面白さであろう。それが、今の読者に受け入れられているのだ。そして、その多くが、文学作品のような事細かい描写がほとんどない感情語の羅列である。**エンターテインメント小説では、いかに早く観客の心を掴むか、今の読者に受け入れられて売れるかが、最大の関心事だ。**なぜなら、ヒットのコツの一つだからである。

しかし、今の読者には分かりやすくとも、この先数十年、その瑞々しさを保てるかどうかとなると、はなはだ疑問である。

一方、夏目漱石などの著作に代表される「名作」といわれるものは、それとは異なる。最初の数十ページが読みにくくて、思わず途中で挫折した経験を持つ人も多いのではないか。

漱石の文学は、明治末から大正期にかけてという、私たちと異なる時代を舞台に書かれたものである。当時の自然環境も、生活環境も、社会情勢も、人々の価値観も今とは大きく異なっている。

ところが、言葉で、そうした世界がしっかりと構築されている。

私たちはその描写で、自分たちが経験していない当時の世界を脳裏にありありと浮かび上がらせなければならない。

それが慣れていない人にとっては困難な作業で、あるいは退屈に思えることがあるだろうが、ひとたび脳裏にその世界が構築され、人々が生き生きと活躍し始めると、一気に小説世界に引き込まれてしまう。

そこまで我慢する忍耐力と、ある程度の文学を読む習慣がなければ、漱石の世界を楽しむことはできない。

漱石が時代を超えて読み継がれているということは、いつの時代の人間が読んでも、多少の困難があってても理解できるといった表現を獲得しているからである。

私は何も近代文学に価値があり、それに対してエンターテインメント小説には価値がないというつもりはない。しかし、論理力を鍛えたいなら、やはり名作といわれる文学作品を読むべきであると思う。

本書の狙いは、あくまであなたの頭脳を改造するための読書法である。

名作を読むとは、言葉で徹底的に構築された世界を甘受し、自己の脳裏に新たな

世界を再構築させる行為だ。

それゆえ、あなたの頭脳に刺激を与え、働きを活性化させることに繋がるのである。

第7章　ロジカル・リーディングを実践してみよう

［論理力を獲得する］

1 まずは話題を掴む

「言葉の規則」「論理の法則」など、ロジカル・リーディングを実践するために必要なスキルは、ここまでで学んだと思う。いよいよ、本格的な文章の読み方、**論理力を身に付けるロジカル・リーディングを実践していこう。**

その前に、大切な注意事項が一つある。

文章を読む時、ただ何となく読んでいくようでは駄目だ。

そうした読み方では、きっと活字から目が離れてしまうので、**まずは、その文章の「話題」が何であるかに着目しよう。**

次に、その「話題」に対して、筆者の主張を捉える。

このように、目標を持って読むと、活字から目が離れなくなる。

では、一つの練習問題を解いてみよう。

例題

近頃君たちは、ちっとも夕日を見ないそうじゃないか。夕日を見ることは、実は、とても大切なことなので、ぜひ君たちに夕日を見て欲しいと思うのだ。

問1 話題を抜き出しなさい。

問2 筆者の主張を15字以内で書きなさい。

解答

問1 夕日

問2 夕日を見ることの大切さ（夕日を見ることは大切である）

短い文章だが、この中にも話題と筆者の主張が含まれている。
筆者はまず、夕日という話題を持ち出しているので、**「話題」**は、**夕日**。
次に、**「話題」である夕日に関して、筆者の主張を提示**している。

2 ロジカル・リーディングの実践練習

実際に難しい評論文を通して、練習をしてみようと思う。

ここでは、山崎正和氏の文化論を引用してみる。この名文を論理的に読むとはどういうことなのか?

まず一度好きなように全文に目を通してみて欲しい。

① 日本最初の都が飛鳥《あすか》地方に誕生し、その土地が盆地であったということは、日本文化を考えるうえで、一つの重要な鍵《かぎ》ではないかと思われる。ときに難《なに》波《わ》や滋賀に都が移ることがあっても、長くは続かないで、大和朝廷は繰り返しこの盆地のなかへ帰って来る。有名な香具山《かぐやま》をはじめ、大和三山によせた歌や神話はおびただしくあり、飛鳥は日本の詩人にとって長く心のふるさととなった。さして要害堅固とも思えない狭い空間に、古代の日本人は不思議に心理的な安定を覚えたようである。

②いわば飛鳥盆地は、そこに住む人にとって心理的な意味での城郭であり、それがある限り、人間はあらためて外界に対して自己を閉じる必要がなかったのであろう。そのなかで、日本人にとって都市や建築は不動の外壁であるよりも、むしろ身に着けて動きまわる衣装のようなものではなかったであろうか。

③さまざまな建築や都市の形を決めるものとして、人間にはいくつかの違った空間意識の型があるといわれている。空間をどのように感じるかは文化によって違っていて、そのことがそれぞれの都市や建築の形にあらわれる。単なる気候や資材の条件以上に、住み方の文化を決定するものは、人間が外界の空間についていだく基本的なイメージなのである。

④たとえば、ドイツのフロベニウスという学者によると、アラブの砂漠の民族にとって、自然は彼らの天幕のようにまるく閉じた空間であった。実際は無限に拡《ひろ》がる砂漠の空間を、彼らはまるい大空に蓋《ふた》をした閉鎖的な空間として感じとった。たぶん、そう感じとらなければ無限の砂漠は不安を与えるのであって、彼らは閉鎖的な空間のイメージを作ってようやく安心することが

できた。そして、その意識を反映するように、アラブの建築は中庭を内に作って、現実に閉鎖的な空間をこしらえているという。

⑤それに対して、いわゆる西欧の建築は、同じ無限の空間を意識しながらそれを恐れていない。庭は建物の外にめぐらされて、自然の開放的な空間につながっている。アラブの建築が暗く内向的であるとすれば、これは快活に外向的であって、上にのびあがり、横に拡がろうとする力にあふれている。フロベニウスはこの二種類の建築に、広く人間精神の二つの基本的な形を見いだそうとしたのである。

⑥たしかに西欧のこのような空間意識は、建築のみならず、文化のさまざまな特色のなかにあらわれているようにみえる。無限の空間に対決し、どこまでも拡大しようとする精神が、やがて冒険を愛し、海を支配し、一つのイデオロギー（思想）を世界に広める、あの西欧的人間の衝動につながったのかもしれない。

⑦だが、このフロベニウスの仮説が正しいとして、日本人の空間意識は二つのどちらにも属さない独特なものだといえる。盆地の地形は自然に閉じてい

るのであるから、それを基本的な生活の場所とする人間には、無限の空間は存在しない。勇敢に外へ拡がる必要もなければ、あらためて閉鎖的な空間を作りあげる必要もない。母胎のような自然のなかに包まれて、安んじて建築は流動的で、はかない形に作ることができるだろう。

⑧ 無限の空間に脅《おびや》かされていれば、いずれにせよ、建築や都市は自分で自分をささえなければならない。アラブふうの建築は、重くどっしりと土に根をおろし、西欧ふうの建築は、爆発的な力をひめて空にそびえている。

⑨ それらと比べるとき、日本の建築は美しくはあっても、なんと弱々しく見えることだろう。明らかに、それは外の空間と対決したことのない建築であり、視覚的に自分で自分をささえる必要のない形なのである。

⑩ そういえば、千年の京の都も盆地であったし、鎌倉や奥州の平泉も盆地であった。文化的な意識のうえで、日本人は、盆地から盆地へ跳ぶ不連続の空間に生きてきたともいえる。そしてその最初の原型が、五世紀の飛鳥盆地にほかならないのである。

（山崎正和氏の文章による）

さあ、この文章の内容がすっきりと頭に入っただろうか？
これから私と一緒に読んでいこう。

冒頭、**A**から始まるのか、それとも**A'**から始めるのかを意識して読んでみる。

①日本最初の都が飛鳥《あすか》地方に誕生し、その土地が盆地であったということは、日本文化を考えるうえで、一つの重要な鍵《かぎ》ではないかと思われる。ときに難《なに》波《わ》や滋賀に都が移ることがあっても、長くは続かないで、大和朝廷は繰り返しこの盆地のなかへ帰って来る。有名な香具山《かぐやま》をはじめ、大和三山によせた歌や神話はおびただしくあり、飛鳥は日本の詩人にとって長く心のふるさととなった。さして要害堅固とも思えない狭い空間に、古代の日本人は不思議に心理的な安定を覚えたようである。

②いわば**飛鳥盆地**は、そこに住む人にとって心理的な意味での城郭であり、それがある限り、人間はあらためて外界に対して自己を閉じる必要がなかっ

たのであろう。そのなかで、日本人にとって都市や建築は不動の外壁であるよりも、むしろ身に着けて動きまわる衣装のようなものではなかったであろうか。

もちろん**A'具体例**から始まる。日本最初の都が飛鳥地方という、盆地に作られたという例である。

大阪平野があるのに、わざわざ山で囲まれた狭い空間に都を作ったのである。盆地はそこに住む人にとって心理的な城郭であり、それゆえ日本人にとって都市や建築は衣装のようなものであったと指摘されている。

確かに四方山で囲まれていた中で、当時の人は初めて安心して暮らすことができたのだろう。そして四方の山々が城の役割を果たしたからこそ、その中で改めて障壁を作る必要を感じなかった。だから、盆地空間に作られた都市や建築は衣装のようなものだったのだ。これが日本人の当時のありようだったのである。

A'から始まる文章は、A筆者の主張（命題）を探して読んでいく。

第6章の4で説明したように、命題は一般的であることが条件である。果たしてどこで一般化するのか？

---

③　さまざまな建築や都市の形を決めるものとして、人間にはいくつかの違った空間意識の型《話題》があるといわれている。空間をどのように感じるかは文化によって違っていて、そのことがそれぞれの都市や建築の形にあらわれる。単なる気候や資材の条件以上に、住み方の文化を決定するものは、人間が外界の空間についていだく基本的なイメージなのである。

第3段落で、空間意識の型（話題）が登場する。そして、住み方の文化を決定するのは、実は人間が外界の空間についていだく基本的なイメージ、つまり空間意識なのだという。

具体的な飛鳥盆地A'に対して、空間意識Aは一般化したものであり、ここに**A'＝Aという論理パターンが成立している。**つまり、筆者の主張（命題）はこうなる。

命題A　空間意識が住み方の文化を決定する

そこで**次に論証責任が生じる。**

冒頭、日本の例を挙げたが、それはたまたま日本だけの事情だったのかもしれず、少なくとも次にいくつかの証拠を挙げなければ、筆者の提示した命題が証明されたことにはならない。

---

④**たとえば**（具体例を示す記号）、ドイツのフロベニウスという学者によると、アラブの砂漠の民族にとって、自然は彼らの天幕のようにまるく閉じた空間であった。実際は無限に拡《ひろ》がる砂漠の空間を、彼らはまるい大空に蓋《ふた》をした閉鎖的な空間として感じとった。たぶん、そう感じとらなければ無限の砂漠は不安を与えるのであって、彼らは閉鎖的な空間のイメージを作ってようやく安心することができた。そして、その意識を反映するように、アラブの建築は中庭を内に作って、現実に閉鎖的な空間をこしらえているという。

「空間意識が住み方の文化を決定する」といった命題の証拠となる例であるから、**アラブの砂漠の民族がどのような空間意識を持ち、どのような住み方の文化を持ったのかを読み取らなければならない。**

このように自分勝手に読むのではなく、筆者の立てた筋道に従って読むべきで、本来それ以外の読み方などないはずだ。

段落④の内容をまとめてみると、次のようになる。

具体例　アラブの砂漠の民族
空間意識　無限な空間であるが、閉鎖的
住み方の文化　中庭を内に作って、閉鎖的な空間を作っている

今と異なり、昔は交通の手段がほとんどなかった。だから、砂漠で生まれた民は、どこまで移動していっても世界は空と砂漠だけである。その結果、世界は天幕のように丸く閉じた空間として意識されたのだろう。

余談になるが、砂漠の民は自分たちの世界がすべてであって、その外にある世界に関心を向けることは少なかったのではないか。だから、チンギス・ハーンがヨーロッパまで攻め込みながらも世界を征服することがなかったのかもしれない。

対立関係を示す記号

⑤ **それに対して**、いわゆる西欧の建築は、同じ無限の空間を意識しながらそれを恐れていない。庭は建物の外にめぐらされて、自然の開放的な空間につながっている。アラブの建築が暗く内向的であるとすれば、これは快活に外向的であって、上にのびあがり、横に拡がろうとする力にあふれている。フロベニウスはこの二種類の建築に、広く人間精神の二つの基本的な形を見いだそうとしたのである。

⑥ たしかに西欧のこのような空間意識は、建築のみならず、文化のさまざまな特色のなかにあらわれているようにみえる。無限の空間に対決し、どこまでも拡大しようとする精神が、やがて冒険を愛し、海を支配し、一つのイデオロギー（思想）を世界に広める、あの西欧的人間の衝動につながったのかもしれない。

次に筆者は**西欧（西洋）の例を持ち出している。**そこで、**私たちは、西洋人の空間意識と、それに従って西洋の住み方文化を読み取らなければならない。**

段落⑤、⑥の内容をまとめてみると、次のようになる。

具体例　西欧
空間意識　無限な空間であるが、外向的
住み方の文化　開放的な空間

西洋では北に行けば北欧の海、南に行けば地中海、東に行けばアルプス山脈と、平野あり、山あり、谷あり、海ありと、世界は様々な変化に富んでいる。どこまで行っても空と砂漠しかないアラブ民族とは大きく異なっている。

だから、西洋人は世界は無限に開かれていると思ったのだ。これが彼等の空間意識であり、だからあの山を越えて見知らぬ世界へ行きたいと願った。

そういった西洋人の意識が地理上の発見を生み、植民地時代を招いた。

さて、なぜ筆者は砂漠の民族と西洋人を持ち出したのだろうか？
もうすでにお分かりだろうと思うが、**砂漠の民族と西洋人とは対立関係にあるか**らだ。

---

⑦ **だが**、（対立関係を示す記号）このフロベニウスの仮説が正しいとして、日本人の空間意識は二つのどちらにも属さない独特なものだといえる。盆地の地形は自然に閉じているのであるから、それを基本的な生活の場所とする人間には、無限の空間は存在しない。勇敢に外へ拡がる必要もなければ、あらためて閉鎖的な空間を作りあげる必要もない。母胎のような自然のなかに包まれて、安んじて建築は流動的で、はかない形に作ることができるだろう。

ここで再び日本人の空間意識に話が戻っている。何て言うことはない。**筆者が主張したいのは、やはりあくまで日本についてだったのだ。**では、なぜアラブや西洋を持ち出したのか？

物差しを設定したのである。**アラブと西洋は物差しの両極、そしてこの物差しで**

測る対象が日本なのである。

日本人の空間意識はそのどちらとも異なる。盆地であるがゆえに、周囲を山などの自然に守られている。西洋のように、外に広がる必要もなければ、アラブのように閉鎖的な空間を作り上げる必要もないのだ。

⑧ 無限の空間に脅《おびや》かされていれば、いずれにせよ、建築や都市は自分で自分をささえなければならない。アラブふうの建築は、重くどっしりと土に根をおろし、西欧ふうの建築は、爆発的な力をひめて空にそびえている。

再び物差しの話に戻っている。アラブと西洋の対立関係がもう一度提示される。

⑨ それらと比べるとき、日本の建築は美しくはあっても、なんと弱々しく見えることだろう。明らかに、それは外の空間と対決したことのない建築であり、視覚的に自分で自分をささえる必要のない形なのである。

⑩ そういえば、千年の京の都も盆地であったし、鎌倉や奥州の平泉も盆地で

あった。文化的な意識のうえで、日本人は、盆地から盆地へ跳ぶ不連続の空間に生きてきたともいえる。そしてその最初の原型が、五世紀の飛鳥盆地にほかならないのである。

具体例　日本
空間意識　盆地なので、周囲を山に囲まれている
住み方の文化　弱々しい建築

最終結論。日本人の空間意識は西洋のような開放的なものでもなければ、アラブ民族のような閉鎖的なものでもない。
確かに西洋の意思でできた強固な建築に比べて、自然に守られた日本の木造建築はどこか弱々しい。そして、自然と一体化して、独自の佇まいを見せているのだ。

さて、あなたは論理を意識して文章を読むことができただろうか。
文章を読み、論理思考を手に入れるためには、このように話題を摑んで、一般か

具体かを意識しながら筆者の主張（命題）を探し出し、論理関係を捉まえて読んでいけば良いのである。

第8章 1冊のストックノートにまとめてみよう

［論理力を鍛え上げる］

1 あなたの頭脳を強化する図式・要約力

読書で身に付けた論理力を定着させ、さらに鍛え上げるためには、読み取った知識を整理し、記憶し、いつでも活用できる形にしておくことが大切である。そのためには、**文章の図式化、要約が有効**である。

まずは図式化する前に、要点を摑み、要点同士の論理関係を捉まえる必要がある。

文章には骨の部分と飾りの部分があると、すでに説明したが、どんな文章にも、数行の要点となる箇所がある。

その**数行の骨格となる箇所をいつでも発見できることが、論理的な読解の第一歩**である。

繰り返しになるが、ここで人間の体にたとえてみよう。

人間の体には必ず骨がある。その骨に当たるのが、要点である。要点だけで組み立てた文章が要約文であって、どんな名文でも要約文を読んだところで感動しないのは、骸骨の文章だからである。

どんな美人でも骸骨にすれば、それほど変わりはないのではないか。

私たちが綺麗だと思うのは、ファッションを含めた、その肉体である。

骨の周りには必ず肉がついている。それと同じように、筆者の主張には、筋道を立てて説明しようと、具体例や体験、引用など、多くの言葉が費やされる。それが要点と飾りの関係である。

分厚い肉がたくさん付いた長い文章であっても、宝石を身に纏い、厚化粧を施した文章でも、骸骨にすればどれも同じで、難しいものはない。

文章を論理的に読むというのは、衣装を剝がし、肉を削り落とし、その骨だけを摑むことなのである。

さらに、文章をより立派に見せようと、レトリック（修辞）が駆使されることもある。

どんな長い文章であろうと、レトリックを多用した難解な文章であろうと、要点を掴むことができたら、速く、正確に読み取ることができるのである。

要点を掴んだら、次はその**要点を図式化してみよう。**

図式化するためには、要点と要点との論理的な関係を捉えていなければできない。「イコールの関係」なのか、「対立関係」なのか、それを頭の中で整理し、図式化してみる。

その後、**趣旨、つまり、筆者の最終結論が何なのかを捉える。**

そして**最後に、要約文を書いてみる。**文章の骨（要点）を、論理の順番に組み立て直して、それを自分の一貫した言葉でまとめ上げる。

これが**要約**である。

すでに図式化できているのならば、この最後の仕上げは、それほど難しいことではない。

こうした試みを繰り返すうちに、文章がいかに論理的にできているかを実感することができ、さらにその段階で徐々にあなたの頭脳が改造されていくのである。

2 図式化・要約の実践練習

では、第7章で取り上げた山崎正和氏の文章を例に、図式化・要約を試みてみよう。

話題は「空間意識の型」である。

まずは話題に線を引き、そこに目を止める。活字を目に焼き付けるのである。

文章の論理構造を読み取ると、自然とその要点が浮き上がってくる。要点と要点との間にも論理的関係がある。

ここでは**対立関係**である。

アラブの砂漠民族と西洋といった物差しを設定する。その物差しで測られるのは日本の住み方の文化であるから、それが筆者の主張となる。

このように、要点を取り出し、筆者の主張を摑み取れば、図式化は完成する。

話題：空間意識の型

命題A 民族の空間意識が
それぞれの住み方の文化を決定する

イコール関係

具体例A' 日本とアラブの砂漠と西欧の例

物差し

具体例 アラブの砂漠の民族
空間意識 無限な空間であるが、閉鎖的
住み方の文化 中庭を内に作って、
閉鎖的な空間を作っている

対立関係

筆者の主張 日本の住み方の文化

具体例 日本
空間意識 盆地なので、
周囲を山で囲まれている
住み方の文化 弱々しい建築

物差し

具体例 西欧
空間意識 無限な空間であるが、外向的
住み方の文化 開放的な空間

さて、図式化できたなら、次に要約をしてみよう。

要約文

民族の空間意識が、それぞれの住み方の文化を決定する。

アラブの砂漠民族は空と砂漠の世界を無限として捉え、その外の世界に関心を持たないから、閉鎖的である。それゆえ、その住まいはたとえば家の中に中庭を作るように、閉鎖的な空間になっている。

それに対して、西洋人は世界を無限の空間として捉えるが、その意識はいつでも外に向かっていて、外向的である。それゆえ、その住まいは開放的な空間となる。

日本人の空間意識はそのどちらとも異なる。周囲を山で囲まれているため、西洋人のように開放的な意識ではないが、一方いつでも山を越えて外の世界に行けるので、アラブの砂漠民族のように閉鎖的でもない。そして、その中の建物は自ずと美しいが、弱々しいものとならざるを得ない。

3 ストックノートを作る

いよいよ最終段階である。

せっかく文章を理解したのだから、それをノートにストックしておこう。

どれほどいい文章でも、あるいはどれほど感動したところで、人間の記憶力はたかが知れていて、やがてその感動もぼんやりとしたものになってしまうだろう。

大切なことは、まずは「分かる」こと。次はせっかく分かったのだからそれを「保存」し、絶えず「活用」できるような状態にしておくこと。

そのための手段が、**ストックノート**である。


まず分厚めの大学ノートを1冊用意して欲しい。

一つの文章に、見開き2頁を使用する。

左頁は、話題、図式、要約文を書く。すでに練習したように、こうした作業を通して、論理力を鍛え、その上で論理の言葉、論理の文体を習得するのだ。

右頁は開けておく。

ストックするのは、あなたが何らかの理由で貯めておきたい、記憶しておきたいと思った文章で、しかもその論理構造を摑めたものである。

あまり欲張って何でもストックせずに、本当にあなたにとって大切な文章に絞りたいものだ（無理をしたら負担が大きくなり、長続きしないから）。

次は、ノートを活用すること。

ちょっとした空き時間に左頁の要約文を読み、その内容を思い浮かべてみること。あなたの1冊のノートには、あなたが大切にしている文章がすべてストックされている。そのノートはいつでも鞄の中にあり、簡単に取り出して確認することができるのだ。

そうしているうちに、**左頁の話題を見るだけで、その内容が自然と浮かんでくるようになる。すると、その内容を今度は自分の言葉で説明できるようになる。**

ストックの内容が消化されたのだ。

左頁はストックで、筆者の言葉、右頁は自分が考えたことで、自分の言葉のメモ。

このように、右頁と左頁は厳密に分けておくこと。

ストックが次第に消化されたなら、自然とそれに関していろんな考えが思い浮かぶようになる。その時、忘れないうちに、右頁に自分の言葉でメモをしておく。

無理に右頁を埋める必要はない。

必ず次から次へといろんな考えが浮かんでくるようになる。その時が来るまでじっと待つのだ。

次第にストックが消化され始めると、自分の考えは自然と浮かんでくる。右頁が埋まり始めたならしめたもの。

あなたはものを論理的に考える人間に変貌していることだろう。

あなたを変えるストックノート

左頁

ストック（筆者の言葉）

書名、要約文、話題、図式など

右頁

自分の考え

自分の言葉のメモ

- 要約はあとで読み返した時に**全体像が思い浮かぶようにまとめる**
- なるべく文中の言葉を使って**抽象的な用語に慣れる**

- 最初は空白のまま
- ストックが消化されるにつれて、**いろいろ思い付くようになる**ので、**その時に書き込む。**
- **関係のある記事や例**を見付けたら、貼り付けたり、メモしておくのも良い

空白の右ページが埋まり出したら……

論理思考の人間に変身！

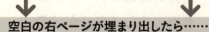

アラブ

モンゴール帝国がヨーロッパを制圧せず、その後砂漠地帯の領土争いに終始したのは、彼らの空間意識によるものではなかったか？ もし、彼らの空間意識が異なっていたなら、世界の歴史が変わったかも？

西洋

逆に、近代に入って、西洋が次々に世界中に進出し植民地化したのも、開放的な空間意識によるものか？

日本

日本人にとって盆地は家のようなものではなかったか？ だから、日本人は山の向こうに関心を持つが、必ず家としての盆地空間に戻ってくる。私たちは海外旅行を好むが、海外に永住することなく、必ず日本に帰ろうとする。

自分のためのノートだから、

各自工夫して自分だけの

ストックノートを完成させよう！

ストックノートの実例（第7章で紹介した山崎正和氏の文章の場合）

〔題〕　空間意識と住み方の文化

	アラブの砂漠族	日本	西洋
空間意識	無限な空間であるが、閉鎖的	盆地なので、周囲を山で囲まれている	無限な空間であるが、外向的
住み方の文化	中庭を内に作って、閉鎖的な空間を作っている	弱々しい建築	開放的な空間

〔要約〕

民族の空間意識が、それぞれの住み方の文化を決定する。

アラブの砂漠民族は空と砂漠の世界を無限として捉え、その外の世界に関心を持たないから、閉鎖的である。それ故、その住まいはたとえば家の中に中庭を作るように、閉鎖的な空間になっている。

それに対して、西洋人は世界を無限の空間として捉えるが、その意識はいつでも外に向かっていて、外向的である。それ故、その住まいは開放的な空間となる。

日本人の空間意識はそのどちらとも異なる。周囲を山で囲まれているため、西洋人のように開放的な意識ではないが、一方いつでも山を越えて外の世界にいけるので、アラブのような砂漠民族のように閉鎖的でもない。そして、その中の建物は自ずと美しいが、弱々しいものとならざるを得ない。

4 ノートには必要なものだけを書け

近年、ノートの使い方に関する本が多数刊行されている。
ノートは美しく書くべきだろうか？

もちろん、美しいノートで東大に合格した受験生や、仕事ができるようになったビジネスパーソンはたくさんいるだろう。
なぜなら、美しくノートを書けるというのは、それだけ工夫しているという証拠だし、少なくとも内容を理解し、整理できるということであるから、学力が高い人たちであることには間違いはない。

それでも**私はノートは汚く書けと提案したい。**
綺麗に書こうとすると、それだけ時間がかかって効率的ではないし、どうしても綺麗にすることにこだわって余分なものまで書き込んでしまう。

さらには、綺麗なノートを完成したことに自己満足して、意外とそれを読み返さないものなのだ。

綺麗なノートで東大に合格した受験生は、おそらくたくさんいるだろう。

だが、汚いノートで東大に合格した受験生も、おそらくそれ以上にいるに違いない。

統計を取ったことがないから分からないが、私は20年以上にわたって多くの受験生を東大に合格させてきているので、彼等のノートをたくさん目にする機会を持ってきた。その経験を踏まえて言うならば、

「ノートに余分なことは書くな」

これが鉄則である。**物事の要点だけを、なるべく大きな字で書き込めばいい。**要点を書けるというのは、それだけ論理力がある証拠である。

ノートは、これだけは絶対に覚えようという誓いの印である。

何も他人に見せるわけではない。自分だけが分かればいいのである。

その代わり、ノートはメモしたあとが大事で、ぼろぼろになるまでそれを活用し、ノートに書いたことはどんなことがあっても頭に入れてしまう。

汚いノートが嫌ならば、ぼろぼろに活用したあと、自分でもう一度1冊のノートを作り直せばいい。

その時は、すでに大切な事項は頭に入っているので、それをもう一度整理・確認するつもりで、ノートを作り直す。

そのほうがずっと整理され、工夫された美しいノートができ上がるのだ。

第9章

論理力を普段の生活に生かそう

［論理力をあらゆる場面で活用する］

1 記憶力

記憶力をアップしたいなら、覚えようとするな

よくものが覚えられないと嘆く人がいる。実は覚える必要などない。**ものの論理的関係を理解すればいいだけである、**そうすれば、自然と頭に整理された形で入ってくる。

あとはそれを時折思い出してやるか、使ってやれば、忘れなくなるものだ。

何もすべての事柄を論理的に理解して覚えよと言っているのではない。**物事にはどうしても理解しなければならない、核となる事柄がある。**理解しなければ、使いこなせないし、またその核となる事柄には多くの大切な事柄が関わっていることが多い。まさに**雪だるまの芯**である。

だから、しっかり論理的関係の中でそれを記憶し、芯になる知識を記憶したなら、あとは雪だるま式に知識を増やしていくのだ。

芯となるものがないと、雪だるまは崩れるばかりである。

このように、日頃からものの論理的関係を理解しようと意識すれば、論理脳を獲

得することができ、記憶力もアップする。

ビジネスの場面でも、記憶を必要とされる状況が多々あるだろう。そんな時は、短期間だけ記憶を維持しなければならないものと、長期にわたって必要なものと、記憶事項を明確に区別すべきである（たとえば、定期試験用の勉強と受験勉強の違いを思い浮かべてみると分かりやすい）。

前者の場合は、集中して覚えようとすれば何とかなるかもしれないが、後者の場合だと、そうはいかない。

長期的に記憶するには、次の二つの条件が必要である。

①　論理的に理解し、整理する（個々ばらばらな情報では覚えられない）

②　繰り返す（一般には同じことを4、5回繰り返さなければ覚えられない）

長期的に記憶する場合は、論理的に理解、整理し、その上で記憶すべきである。絶えず頭の中でいいから、論理を活用していれば、自然覚えられるものなのである。

また、人はすぐ忘れてしまう生き物だ。何度も繰り返すことによって、記憶すべき重要な情報が頭に入ってくることに気付くだろう。

2 対話力ー「イコールの関係」を使って話す

今、あなたは論理力を身に付け、自己の頭脳を改造するための読書法を得ようと、本書を手にしたわけだが、その論理力を、話し方にも生かしてみよう。
あなたはただ思い付くままに、言葉で話してはいないだろうか？

たとえば、仕事の取引先や仲間と打ち合わせをする時、**他者意識が希薄な人の話し方は大抵決まっている。頭に思い浮かぶままに話すのである。**そのため、聞き手には話し手が何を言いたいのかが分からず、振り回されてしまう。

聞き手に論理力がある場合は、ことさらだ。論理的な人は、大抵、物事と物事との関連をいつでも考えている。だから、二つのことを述べられると、お互いの論理的関係を考えようとする。

ところが、論理力のない人は、当然他者意識が希薄なわけだから、思い付くまま脈絡もなく言葉を発してしまう。そうすると、聞き手の頭はますます混乱するばかり。話し手は、このような相手の混乱に気付くことなく、得意満面話を続けることになる。

時には、**一生懸命説明するがあまり、逆に相手を混乱に陥れることもある。**本人はこれだけ丁寧に説明したのだから、当然相手は分かってくれていると信じ込む。ところが、次々に新しい情報を提出されると、聞き手には何が話し手の一番言いたいことなのかが分からず、かえって途方に暮れてしまう。

これらは話し方が羅列型になっているからだ。要点と飾りが区別されていないから分かりにくくなっているのである。

まずは、あなたの話し方を意識することだ。

最初に意識するのは、他者意識である。

自分が言いたいことを、まず相手は分かってくれないものだ。なぜなら、相手は自分と生い立ちも、環境も、性格も、教育も、経験も異なる他者だからである。

たとえば、どれほど激しい恋愛をしたところで、結婚したとたんにお互いの中に他者を見いだし、愕然とすることがあるが、**それほど人間同士は、分かり合えないものなのである。**

だから、人間は論理という手段を作り上げて、分かり合おうとした。

それゆえ、もし**あなたが人に話をする時は、まず話題を提示しなければならない。**今から何について話すのかを明らかにすることで、相手は理解しやすくなるのだ。

次に、要点と飾りを明確にする。自分の主張したいことが明確であるならば、話がずれたり、矛盾したりはしないはずである。**人に何かを伝える時は、まず何が言いたいのか（要点）を明確にする。**

たとえば筆者の主張を**A**とすると、次の話はそれと「イコール」か「対立」か「因果」の関係であって、それ以外の話を持ち出すのは、論理的にはルール違反となる。主張**A**を裏付けるための例（飾り）ならば、多くの情報を提示すればするほど、相手は「なるほど」となる。

様々なエピソードを紹介したところで、それらはすべて**A'**に過ぎないのである。

　自己の主張たる**A**をいつも意識することで、論理が飛躍することはなくなる。**どんな話に展開しようが、A＝A'といった「イコールの関係」が成立しなければならない。**

ビジネスで必要なのは、「話題」「自己の主張」、そして「具体例」である。

　自社の商品を勧めたり、企画を通そうと思うなら、必ず成功した例をいくつか持ち出し、それがなぜ成功したのかを論証するべきである。何の根拠もなしに、ただ商品を買ってくれ、企画を採用してくれでは、相手はあなたへの信頼自体を疑ってしまう。

3　対話力＝「対立関係」を使って話す

自分が何かを主張する時は、いつも「対立関係」を意識するべきである。

　誰もが自分と同じ意見であるとは限らない。ましてや、あなたが他者意識を持つ時、必ず対立する**B**が脳裏にあるはずである。**あなたがAだと思っても、必ず反対**

意見を抱いている人がいる。そういった意見を意識する時、論理が自然と生まれる。

この場合、あなたは対立するBに対して、根拠を持って反駁しなければならなくなる。実際に、反対意見を述べたら角が立つと遠慮がちになる人もいるかもしれない。

それはそれで結構だが、少なくとも反対意見を脳裏に置いて絶えず目配りをすることで、あなたの意見はより説得力を増すわけだ。

たとえば、自社の商品やあなたの企画をアピールする時、必ず他社の商品、あるいは反対の企画を想起する。あるいは、長所だけでなく、短所をいつでも頭に置くと、反対意見を述べられた時でも、すぐにそれに対応することができる。

第一、相手が自分のどの弱点を突いてくるか、あらかじめ想定できないようだと、論理力があるとは言えない。だから、「対立関係」を使って考える訓練をしておくことが大切である。

もちろん、自分の意見も、相手の意見も生かす方法がある。もっとも高度な論理的な方法だが、それが「弁証法」である。**弁証法とは、対立する意見を、高い地点**

で統一する考え方で、要は、お互いの長所を生かし、短所を補う考え方である。

たとえば、男と女は決定的に異なる生き物である。どちらが偉いのか、どちらが正しいのかとお互いに意地を張れば、永遠に解決が付かないか、どちらかが力ずくで屈服させるだけである。しかし、お互いの違いを認め合い、互いの長所を生かすやり方を考えれば解決する。それが弁証法である。

特に新しい企画を提案する時や、対立する二つの企画がある時、弁証法は非常に威力を発揮する。

ただし、**いつでも弁証法を持ち出すことができるようになるには、絶えず「対立関係」を頭に思い浮かべるようにしておくことが大切である。**

4　対話力Ⅲ「因果関係」を使って話す

相手が他者であるならば、自分の主張には必ず理由付けが必要である。

そこから、自然と「因果関係」が生まれてくる。

Aだから Bである（因果関係）

Bなのは、Aだからである（理由付け）

こういった思考は普段から絶えず行うようにしよう。

実際、**ビジネス場面において、一番重要なのは理由付けである。** どんな提案でも、必ずなぜそれが一番有効なのか、すぐに理由が出てこないようでは説得力に欠けてしまい失格である。

だから、どんな主張であれ、必ず理由と一緒に考える習慣を付けて欲しいのだ。こうした思考の習慣をものにすることは、国際社会で活躍するためにも有効なことなのだから。

英語では自己主張には必ずと言っていいほど、そのあとに理由が述べられる。子どもの頃から必ず理由付けをするよう、習慣付けられていることが影響しているのかもしれないが、欧米では子どもが何かを言うと、必ず母親は「ＷＨＹ」と聞き返す。

あなたにも、**相手の意見に対しては、必ず頭の中で「ＷＨＹ」と聞き返す習慣を身に付けて欲しい。**それと同時に自分の考えに関しても、頭の中で「ＷＨＹ」と自問自答することが大切である。

まずは、あなたの話し方が果たして論理的であるかどうかを意識する。次に、相手の話し方を意識する。

すると、人がいかに思い付きや、気まぐれで話をしているかに気が付くだろう。実は、大抵の人が論理的に話をしてはいないのである。

だからこそ、あなたが人よりもわずかに論理を意識するだけで、あなたの話し方は決定的に今までとは異なってくるし、周囲の人もあなたを信頼し、今までとは異なった人間関係が構築されるだろう。

自分の生き方を変えることなど、それほど難しいことではない。あなたの言葉の使い方をほんの少し変えるだけでいいのである。

そうすれば、あなたの頭脳が変化し、他の人とのコミュニケーションの仕方が変わる。その結果、相手の信頼を勝ち取り、周囲の人から信頼されるようになる。当然、仕事はうまくいきだし、あなたの人生は確実に変わる。

人生を変えることは、決して世間が考えるほど難しいことではないのである。こうやって、会話を通して論理的な頭の使い方に徐々に変えていけばいい。

なぜならば、論理力は習熟しなければ何の意味もないからだ。**習熟するには、日々日常的に論理を意識することしかないのである。**

5 文章力 人に伝わる文章を書く

今や活字離れと言われているが、逆に現代ほど私たちが「書く」というスキルを活用している時代はないと思う。

たとえば携帯電話でのメールのやり取りや、インターネットを通じての様々な書き込み、ホームページやブログなど、子どもから大人まで私たちは書くことを身近に感じている。

だが、私たちはどれほど論理的に書いているかとなると、はなはだ心許ないのではないか。

特にメールの文章は、感情語や省略、絵文字のオンパレードで、とても論理的だとは言えないだろう。さらに仲間内のメールになると、他者意識が希薄であるから、自然とお互いにしか分かり合えない文章になりがちである。

それはそれで結構だが、いつでも論理的な文章が書けないようでは困る。特に、レポート、企画書、論文などでは、**論理的な用語と文体、そして論証能力が問われることとなる。**

もちろん、**その前提として、正確な日本語の使い方が問われることは言うまでもない。**

こうした能力は、読書やストックノートを通じて、日頃から鍛えておかなければならない。一朝一夕で身に付くスキルではないのだ。

ビジネスにおいては、メールを活用することが大切になってくる。

たとえば、名刺を交換した時、必ずその日のうちにお礼のメールを送るのである。

その時に、確認のため、その日に話した内容を論理的に整理する。そうやって文章で確認することで、後々のトラブルを避けることができる。

さらには、そのことによってあなたへの信頼感も増すことになる。

第一、**あなたの論理力を相手にアピールする絶好のチャンス**にもなるのだ。

そうやって、一人ひとりに対し、信頼関係を構築することが、やがてあなたに多くのビジネスチャンスをもたらすに違いない。

6 俯瞰力 全体を眺めることができるようになる

木を見て森を見ず。

私たちはどうしても目の前にある細部だけを見て、その全体を見失いがちである。

確かに目前のものだけに捕われると、その考えは一見正しいように思えるが、全体を俯瞰してみると、至る所で齟齬を生じてしまう。

今だけを見るのではなく、過去から現在へ、そして現在から将来にわたって全体を見通し、その上で今なすべき事をなす。それが**俯瞰力**である。

そして、この**俯瞰力こそ、論理力によって養われるもの**である。

文章全体の要点を取り出し、図式化したり、多くの情報の中で一番大切なもの（要点）を見抜く力。論理を使って行うこうした力こそが俯瞰力である。

自分がものを考えたり、意見を述べる時でも、まずは全体を俯瞰する。それを前提として、次に問題を考える。

たとえば、会議の場でも、やはりこの俯瞰力がものをいう。

目の前の小さなことばかりにこだわって全体を見失ったような意見は多くの賛同を得られることはない。

しかし、あなたが俯瞰力を発揮すれば、会議での風向きは変わっていくだろう。

だから、**私たちはいつでも論理的な考え方ができるように、読書やストックノートによって普段から頭を鍛えておくことが大切なのである。**

おわりに──論理力があなたの人生をこんなに変える

たとえば源氏物語の時代、平安時代は人の寿命はおよそ40歳だった。だから、14、15歳で成人式を迎え、男は権力争いに、女は帝や有力な貴族の寵愛を受け子供をもうけようと、ただひたすら生き急ぐ時代だった。そして、30歳を超える頃には死後の世界の準備をしようと、多くは出家した。頭脳が滅びる前に、肉体が滅んでいったのである。

たとえば信長が生きた戦国の時代は、人生50年だった。まさに人の一生は短く、人生夢、幻のごとくである。だから、当時の武士は絶えず死を意識した。もちろん、それは武士道によるものであったが、寿命の短さもやはり無関係ではない。

文明が発達した現代、日本人の平均寿命は80歳を楽に超えるようになった。およそらく今の若い人たちが老年を迎える頃には、日本人の寿命は１００歳に届くことだろう。人がこの世に生を受けたなら、大抵は無事１００歳近くを生きなければならなくなったのである。

平安時代の倍以上生きることを余儀なくされた現代。人生は夢、幻のごとくは、もう昔のことである。

それは、確かにめでたいことに違いない。

だが、そのことで、新たに私たちは様々な問題を抱え込むことになる。

医療問題や年金問題、保険制度に税金と、新しい社会に対応すべく、様々なシステムを作り変えなくてはならなくなった。

そうした中、**もっとも深刻で、意外となおざりにされてきたのが、私たちの頭の問題ではないのか？**

つまり、かつては頭脳の寿命が尽きる前に、肉体が消滅していたが、今や医学などの力によって、頭脳の機能が低下したにもかかわらず、肉体が１００歳まで生き続けるようになったということである。

死ぬ直前まで頭脳明晰で、辞世の句を詠み、惜しまれて死ぬ人生が、私たちには非常に困難となったということである。

老後まで自分の頭脳が働き続けるのか。そういった漠然とした不安に駆り立てられ、たとえば川島隆太先生の「脳トレ」など、様々な脳ブームが沸き起こったのも、そのことと無関係ではないだろう。

私たちの経験則から、一つだけ確実なことが言える。**頭は使い続けることで、ある程度の老化を防ぐことができる。**

世の中には政治の世界で権力争いをする70歳を超した老人たちや、晩年に最高傑作を書き残す文学者などがいる。彼らは少なくとも私たち凡人よりも良かれ悪かれ頭を使うことで、頭脳の老化を免れたに違いない。

だが、誰もが政治家や文学者になれるわけではない。**誰でも手軽にできる頭脳の老化防止対策こそが、読書に他ならない。**

人間とは、自分が思っている以上に、大きく変貌を遂げることができる生き物で

ある。

感覚人間で、劣等生だった私も、読書により論理脳を作ったおかげで、これまでビジネス書や受験参考書など、１５０冊ほどの本を執筆してきた。

本書を手にしたあなたも、論理力を獲得したなら、必ず自分の夢が叶うはずである。

ただそれには日々の努力を欠かすことができない。毎日本を読むこと。そのための第一歩が、本書によって本の読み方を変えることにある。

出口　汪

本書は、二〇〇九年五月にインデックス・コミュニケーションズから発行した『出口式　ロジカル・リーディング』を改題し、文庫化したものです。

日経ビジネス人文庫

論理《ろんり》思考力《しこうりょく》をきたえる
「読《よ》む技術《ぎじゅつ》」

2015年5月 1 日 第1刷発行
2025年5月23日 第6刷（新装版2刷）

著者
出口 汪
でぐち・ひろし

発行者
中川ヒロミ

発行
株式会社日経BP
日本経済新聞出版

発売
株式会社日経BPマーケティング
〒105-8308 東京都港区虎ノ門4-3-12

ブックデザイン
鈴木成一デザイン室

印刷・製本
DNP出版プロダクツ

本書籍に関するお問い合わせ、
落丁・乱丁などのご連絡は下記にて承ります。
https://nkbp.jp/booksQA

Printed in Japan ISBN978-4-296-12471-8

nbb 好評既刊

問題解決力

飯久保廣嗣

即断即決の鬼上司ほど失敗ばかり――。要領のいい人、悪い人の「頭の中身」を解剖し、論理的な思考技術をわかりやすく解説する。

問題解決の思考技術

飯久保廣嗣

管理職に何より必要な、直面する問題を的確、迅速に解決する技術。ムダ・ムリ・ムラなく、ヌケ・モレを防ぐ創造的問題解決を伝授。

「つまらない」と言われない説明の技術

飯田英明

難解な用語、詳細すぎる資料……。退屈な説明の原因を分析し、簡潔明瞭で面白い話し方、資料の作り方を伝授。具体的ノウハウ満載。

池上彰のやさしい経済学 1 しくみがわかる

池上 彰
テレビ東京報道局＝編

お金はなぜ「お金」なの？　経済を動かす見えざる手って？　講義形式のやさしい解説で、知識ゼロから経済のしくみ・世界情勢が丸わかり！

池上彰のやさしい経済学 2 ニュースがわかる

池上 彰
テレビ東京報道局＝編

バブルって何だったの？　円高と産業空洞化って？　年金は、消費税はどうなる？　経済ニュースが驚くほどよくわかる！　待望の第二弾。

nbb 好評既刊

伊藤塾式 人生を変える勉強法
伊藤 真＋伊藤塾＝編著

勉強を楽しみ、自身を成長させる「伊藤塾式勉強法」とは？　司法試験などで多数の合格者を輩出するカリスマ塾長が、その極意を説く。

稲盛和夫の実学
経営と会計
稲盛和夫

バブル経済に踊らされ、不良資産の山を築いた経営者は何をしていたのか。ゼロから経営の原理を学んだ著者の話題のベストセラー。

稲盛和夫の経営塾
Q＆A 高収益企業のつくり方
稲盛和夫

なぜ日本企業の収益率は低いのか？　生産性を10倍にし、利益率20％を達成する経営手法とは？　日本の強みを活かす実践経営学。

アメーバ経営
稲盛和夫

組織を小集団に分け、独立採算にすることで、全員参加経営を実現する。常識を覆す独創的経営管理の発想と仕組みを初めて明かす。

人を生かす 稲盛和夫の経営塾
稲盛和夫

混迷する日本企業の根本問題に、ずばり答える経営指南書。人や組織を生かすための独自の実践哲学・ノウハウを公開します。

nbb 好評既刊

とっておき 中小型株投資のすすめ
太田 忠

会社の成長とともに資産が増えていく、中小型株投資は株式投資の王道だ。成長企業を選び出すコツ、危ない会社の見分け方教えます。

株が上がっても下がってもしっかり稼ぐ投資のルール
太田 忠

過去の投資術だけでは長続きしない――。確実に儲ける新時代の手法を、豊富なアナリスト、ファンド・マネジャー経験を持つ著者が指南。

賢い投資家必読！ 株に強くなる本88
太田 忠

入門書から名著、古典、小説まで、賢い投資家になるために必読の投資本88冊を一挙紹介。『投資をするならこれを読め』を7年ぶりに改訂！

「やる気」アップの法則
太田 肇

一見やる気のない社員も、きっかけさえ与えれば、俄然実力を発揮する！ タイプ別に最も効果的な動機づけ法を伝授する虎の巻。

ビジネススクールで身につける ファイナンスと事業数値化力
大津広一

ファイナンス理論と事業数値化力はビジネスの基礎力。ポイントを押さえた解説と、インタラクティブな会話形式でやさしく学べる。

nbb 好評既刊

ビジネススクールで身につける会計力と戦略思考力〈新版〉

大津広一

業界構造や経営戦略は、決算書に表れる——。会計数値と経営戦略を読み取る方法が同時に学べる会計入門書、ケースを刷新し新版で登場。

ビジネススクールで身につける会計力と戦略思考力 ビジネスモデル編

大津広一

会社が儲け続けるための仕組み＝ビジネスモデルの違いは決算書にどう表れる？　身近な企業20社の会計数値を取り上げ、構造を読みとく。

イラスト版 管理職心得

大野 潔

部下の長所の引き出し方、組織の活性化法、仕事の段取り力、経営の基礎知識など、初めて管理職になる人もこれだけ知れば大丈夫。

春の草

岡 潔

世界的数学者であり、名随筆家として知られる著者が、自らの半生を振り返る。日本人は何を学ぶべきかを記した名著、待望の復刊！

勝利のチームメイク

岡田武史
平尾誠二
古田敦也

「選手の長所だけを見つめていく」「勝つ感動を全員で共有する」——。三人の名将がここ一番に強い集団を作るための本質を語る。

nbb 好評既刊

誰にも聞けなかった新聞によくでる経済データのよみかた

小塩隆士

新聞でよく目にする経済の数字は私たちのくらしにどう関わっているのか、どのように評価すればいいのか、対話形式で教えます。

苦境を乗り越えた者だけが生き残る

小和田哲男

戦国乱世を生き抜いた15人の武将たちが、「苦境」をどう乗り越え、「危機」をいかにして突破したかを解説する。

30の戦いからよむ日本史 上・下

小和田哲男＝監修
造事務所＝編著

体制や社会構造の変革期には必ず戦いが起こっている。読むだけで歴史の転機と流れがよく分かる『30の戦いからよむ世界史』の日本史版。

トップ・プロデューサーの仕事術

梶山寿子

佐藤可士和、亀山千広、李鳳宇――。日本を代表する旬のプロデューサー9人に徹底取材し、企画力・統率力の秘密を明らかにする。

鈴木敏夫のジブリマジック

梶山寿子

宮崎駿監督と二人三脚で大ヒットを生み出し続ける、スタジオジブリの名プロデューサー・鈴木敏夫。知られざるその仕事術に迫る！

nbb 好評既刊

伊勢丹な人々

川島蓉子

ファッションビジネスの最前線を取材する著者が人気百貨店・伊勢丹の舞台裏を緻密に描く。伊勢丹・三越の経営統合後の行方も加筆。

ビームス戦略

川島蓉子

セレクトショップの老舗ビームス。創業30年を越えてなお顧客を引きつける秘密は？　ファン必読！　ファッションビジネスが見える！

働く意味 生きる意味

川村真二

心に雨が降る日には、本書を開いてほしい。誰もが知っている日本人の力強い言葉を通して、働くこと、生きることの意味を考える。

心に響く勇気の言葉100

川村真二

信念を貫いた人たちが遺した名言から生きるヒントを読み解く！〝よい言葉〟から意識が生まれ、行動が変わる。明日が変わる。

58の物語で学ぶ リーダーの教科書

川村真二

どんな偉大なリーダーでも、みな失敗を重ねながら成長している――様々な実話を通してリーダーに必要なスキル、心のあり方を指南する。

nbb 好評既刊